活用力

▶▶▶ を育てる授業の

考え方と実践

新学習指導要領対応

▶▶▶ 安彦忠彦 編

図書文化

　　　　　　　　ま　え　が　き

　本書は，新学習指導要領において特に重視されている「活用力」育成のための授業を，どのような考え方に立ち，どのように計画して実践したらよいかについて，学習指導要領の改訂に関係した方々や，その趣旨を先駆的に実践してきた方々に，直接論じていただいたものである。
　「活用力」を育てることは，広義にはすべての場面で追求されるべきものであるが，総合的な学習と教科の発展的な学習の場で，特に自覚的に目指されねばならない。中でも，今回の学習指導要領の求める「活用力」は，主として各教科の内部で育てるもので，それを媒介にして総合的な学習における「探究的」な学習の質を高めようと意図したものであり，中心的役割はこの部分にある。したがって，もし，このような媒介的役割を十分果たせないようであれば，それはすぐにも改善しなければ意味がない。本書の後半では，このような各教科ごとの実践を例示しているが，これらは本来それだけで完結したものではなく，その結果，総合的な学習がどれほど改善され，質の向上に役立ったかが問われることになる。この意味では，「活用力」の育成は手段であり，目的ではない。
　しかし，具体的には，各教科の内部で育てても，この「活用力」はその範囲内で十分価値のあるものであり，まずは目的として明確な自覚のもとに育てておくべきものである。この相互関連には十分留意してほしい。
　本書が，心ある教師の方々のお役に立つことを願っている。

　　　　　　　　　　　　　　　　　　　　編者　安　彦　忠　彦

目次──「活用力」を育てる授業の考え方と実践

まえがき 1

第1章 活用力とは何か 3
1. いま、なぜ「活用力」なのか　安彦忠彦 4
2. 新学習指導要領における知識・技能の活用を図る学習活動の重視　合田哲雄 10
3. 活用力のメカニズム　森 敏昭 17
4. OECD／PISAのキー・コンピタンシーと活用力　有元秀文 23
5. 知識教育一辺倒からの転換　中許善弘 29
6. 活用力と言葉の力　甲斐睦朗 37
7. 「活用力」をどう評価するか　山森光陽 43

第2章 活用力を育てる授業づくりの考え方 49
1. 国語科における活用型授業づくりの考え方　堀江祐爾 50
2. 社会科における活用型授業づくりの考え方　有田和正 56
3. 算数・数学科で育てる活用する力　清水静海 63
4. 理科で育てる活用力　角屋重樹 69
5. 総合的な学習の時間における様々な活用のあり方　奈須正裕 75
6. 外国語（英語）科における活用型授業づくりの考え方　松本 茂 81

第3章 活用力を育てる授業の実践例〈小学校〉 87
1. 国語科─「手ぶくろを買いに」─　木村ひとみ 88
2. 社会科─みんなが暮らしやすい町づくり─　古川光弘 94
3. 算数科─折れ線グラフ「駅伝のドラマをグラフから読む」─　白井一之 100
4. 理科─「ふりこの規則性」─　福田章人 106
5. 総合的な学習の時間─クラゲを教室で飼う─　鳥山 真 112

第4章 活用力を育てる授業の実践例〈中学校〉 119
1. 国語科─実生活における読解力を身につけるために─　加々本裕紀 120
2. 社会科─裁判とは何か─　館 潤二 126
3. 数学科─三平方の定理の利用─　上原昭三 134
4. 理科─空気中の水蒸気の変化─　平賀博之 140
5. 総合的な学習の時間─郷土学習を通して─　田島隆一 146
6. 外国語（英語）科─過去進行形「日曜日の10時には何してた？」─　関田信生 154

第 1 章 活用力とは何か

1 いま,なぜ「活用力」なのか

早稲田大学教育学部教授●安彦忠彦

❶ 中央教育審議会の審議の流れ

　中央教育審議会(以下,中教審と略称)の平成18年2月の「審議経過報告」には,次のような文章があった。

> (前略)知識・技能の習得と考える力の育成との関係を明確にする必要がある。まず,①基礎的・基本的な知識・技能を確実に定着させることを基本とする。②こうした理解・定着を基礎として,知識・技能を実際に活用する力の育成を重視する。さらに,③この活用する力を基礎として,実際に課題を探究する活動を行うことで,自ら学び自ら考える力を高めることが必要である。これらは,決して一つの方向で進むだけではなく,相互に関連しあって力を伸ばしていくものと考えられる。(16頁)

この一文によって,初めて「活用力」の育成の必要が打ち出されたのである。しかも,これらの3つの学習の型があるとする類型化もなされて,その意義と進め方については,

> こうして習得と探究との間に,知識・技能を活用するという過程を位置付け重視していくことで,知識・技能の習得と活用,活用型の思考や活動と探究型の思考や活動との関係を明確にし,子どもの発達などに応じて,これらを相乗的に育成することができるよう検討を進めている。(16頁)

としている。三者を相乗的に育成することで,「習得型」の学習を「探究型」の学習に効果的に結びつけることができる,としているのである。

この方向を受けて，平成20年1月の最終「答申」では，具体的活動も例示され，次のようにまとめられている。
　　（前略）各学校で子どもたちの思考力・判断力・表現力等を確実にはぐくむために，まず，各教科の指導の中で，基礎的・基本的な知識・技能の習得とともに，観察・実験やレポートの作成，論述といったそれぞれの教科の知識を活用する学習活動を充実させることを重視する必要がある。各教科におけるこのような取組があってこそ総合的な学習の時間における教科等を横断した課題解決的な学習や探究的な活動も充実するし，各教科の知識・技能の確実な定着にも結び付く。このように，各教科での習得や活用と総合的な学習の時間を中心とした探究は，決して一つの方向で進むだけではなく，例えば，知識・技能の活用や探究がその習得を促進するなど，相互に関連し合って力を伸ばしていくものである。（答申，24～25頁）
　ここでも，三者の相互関連が重視されているのが1つの特徴である。特に今回は「活用型」の学習は，知識・技能の定着にも，思考力等の育成にも，ともに役立つものであるという点が強調されている。この点はある意味で重要な指摘であるが，あまり両面を言い過ぎると，知識・技能の定着の方に重点を置くような「活用型」実践も出てくる心配がある。
　本来「活用型」の学習は，「習得型」の学習成果を「探究型」の学習に結びつけるために考え出されたものであり，この意味で「探究型」の学習に結びつく「活用力」を育てることが主眼でなければならない。確かに「活用型」の学習の中で，習得した知識・技能がより一層定着するが，それはあくまでも副次的なものであり，大切なことではあるが，主と副とを見誤ってはならない。「活用力」を育てず，ただ知識・技能を定着・強化するだけでは「活用型」学習の固有の意義はないと言ってよい。

❷ 国際学力調査及び全国学力・学習状況調査と「活用力」の重視

 国際学力調査，特にOECD/PISAの学力調査によれば，日本の子どもたちの「実社会・実生活への知識活用能力」の成績の低さが目立つとされた。基礎的な知識・技能の成績はよいが，その活用・応用の能力が十分育てられていない，というのである。

 しかしこの場合，「活用」能力といっても，中教審で言う「活用力」とは必ずしも完全に同じではないと思われる。PISAの言う知識活用能力は，「探究型」学習における活動でのものと，中教審の言う活用力との両方を含むものと考えられるが，その主たる部分は前者である。これはPISAが依拠した「キー・コンピタンシー」（主要能力）概念がそのようなものだからである。この能力概念は次のように定義されている。

 「単なる知識や技能だけではなく，技能や態度を含む様々な心理的・社会的なリソースを活用して，特定の文脈の中で複雑な課題に対応することができる力」（答申，9頁，脚注）

 PISAが重視したこの「キー・コンピタンシー」は，活用能力といっても「応用力」に近い，かなり高度のものであり，日本の「総合的な学習の時間」のねらう能力，すなわち「生きる力」の中核にある「問題解決あるいは課題解決の能力」に近いものである。この意味で，筆者の解釈ではPISAの求めた「活用能力」は，「探究型」の学習に「習得型」の学習結果をつなぐ媒介的な役割を負うものではなく，むしろ「探究型」学習が最終的に育成しようと狙っているものと言ってよい。

 他方，全国学力・学習状況調査は，その学力検査の項目を「知識」領域と「活用」領域の2つの種類に分け，その種類ごとに通過率などの出来具合を提示しようとするものであった。この場合，「活用」とはいっても，調査の教科は国語と算数・数学だけなので，「総合的な学習の時間」が

求めている「探究型」の学習ではなく，各教科の内部での発展的な学習における「活用型」の学習の成果をみるもの，と考えるのが理屈としては適当なのだが，実際に「活用」領域の問題を見ると，教科の枠を越える「探究型」の学習成果を見るかのようなものもある。したがって，この調査の「活用」領域で探る能力は，媒介的な「活用力」と最終的な「活用・応用能力」の2つであり，この両者をあまり明確に区分していないと言ってよい。全体としては，「活用力」が主で，「活用・応用能力」が副との印象だが，これはあくまでも筆者の主観的判断である。どちらにせよ，両方が混ざっているのは問題である。

　しかし，何よりも興味深かったのは，この「知識」領域の成績と「活用」領域の成績との間の相関が高かった，という事実である。つまり，「知識」領域の成績の高かった学校は，概して「活用」領域の成績も高く出た，ということで，「知識」習得を強化した一部改正以後の施策の正しさが，部分的にせよ証明されたということである。筆者は，この証明が十分なものだとは思わないが，1つのデータとして興味深い，価値あるものだと思っている。一部改正のときの責任者としては，「知識・技能」の習得を強調したという立場上，このデータは尊重したい。

　以上，2つの学力調査によって，多少厳密さには欠けるが，「活用」に関わる部分の能力の育成に重点を置くべきなのは，このような国際的な動向及び全国的な動向からしても，ほぼ明らかだと言ってよいであろう。「活用力」と「活用・応用能力」は，ともに「思考力等」を中心的なものとして中核に含んでおり，日本の場合，特に後者は「思考力等」を直接に働かせるよう求める，総合的な学習において育てられるものである。教科の発展的な学習では，その一部となる教科内部の知識・技能の活用経験を与え，それに基づいて，総合的な学習での活用・応用能力の育成を効果的に図ろうとしているのである。

❸ 先進国にキャッチアップした時代は「思考力等」を求める!

　このような動向の背後には，日本の置かれている歴史的な状況の変化が厳然として存在する。それは，日本にはもはや自分のモデルとなる先進国は存在せず，自らも先進国の一員とされて，開発途上国はもとより先進国からも日本がモデルとされてきている，という事実である。そのような時代に求められる能力は，「思考力等」なのである。

　従来のように日本の前方にモデルとなる先進国があれば，その諸国の新しい知識や技能をいち早く身に付け，理解し，記憶することが必要であったが，今や，そのようなことよりも，先進国と同様，その一員として，自力でよいものを探し，見つけ，創り出すことが必要となる。すなわち，日本はこれまでのように，先進国の文化を吸収模倣して，その後を追うことはあまり意味のあることではなくなり，先進国のしていることを自分もしなければならなくなっている，ということである。それには，記憶中心の学習ではなく，試行錯誤しながら，自分の経験を吟味しつつ，何か良いものをつくれないかという「経験主義」で進むしかなく，そこでは「思考力等」を中心とする学習が求められるのである。

　そして，その「思考力等」の中には，「思考力・判断力・表現力等」が含まれているのであるが，そこで重要な役割を果たすのが，「知識・技能を働かせて＝活用して思考する」活動である。これが「探究型」の学習活動であると言えるものである。このように，「探究型」の学習活動の中心は「思考力等」であるけれども，これによって本来の「活用・応用能力」の育成が図られるのである。なぜなら，「思考させずには活用・応用する能力は育たない」からである。

　現在の日本は，経済界や学界を中心として，今や世界の先頭を走る集団の一員なのである。一昔前の，半歩遅れの国ではなく，ほぼ完全に先

進国の仲間入りをして，一定の責任も負わねばならない状況にある。一部の人は，まだまだそんなことが言える国の状況ではない，と言うかもしれない。しかし，世界的には，国連においてもその種の役割を期待されていることは明らかである。今やそういう客観情勢の中では，そのような要請に応えなければ，逆に日本は期待に応えようとしない自分勝手な国だ，と政治的に非難されかねない。この意味で，そのような声に応えるためには，手探りとはいえ「経験主義的」な態度で，引き受けながら考え，考えながら責任を負う，という原則で行くしかない。今後はあらゆる分野で，日本及び日本人は，そのような役割を求められるであろう。この点は，特に民族主義的にものを言う人たちに考えてもらいたい。

　以上のように見てくると，「総合的な学習の時間」を，当初は産業界・経済界が求めていたものであることがよく理解できる。実際，これまでのこの時間の実践では，小学校を中心に「体験的で，問題解決的で，自主的な」活動が子どもの間に見られたことが，高く評価されたのである。ところが，これまでの「総合的な学習の時間」への反省として，その種の実践がやや「体験的活動」に偏していて，各教科等で身に付けた知識・技能がうまく結びつかず，なかなか「質の高い探究的思考活動」を生み出せなかった，という点がある。教科と総合の学習が別々に働くだけで，容易には結合して働かないのである。そこで，今回，人為的に両者をつなぐものとして「活用型」の学習が考案されたのだと言ってよい。

　したがって，この「活用力」の育成をねらう「活用型」学習は，現在までの教育実践に対する改善策として出されたものであり，部分的な修正に過ぎない。大きな狙いは，「活用型」の学習にではなく，それによって質の向上が期待される「探究型」学習の成立と，その成果たる「思考力等」を中味とした「活用・応用能力」の育成にある。この点について，焦点を見落としてはならない。

2 新学習指導要領における知識・技能の活用を図る学習活動の重視

文部科学省教育課程企画室長●合田哲雄

❶ はじめに

　平成20年3月に公示された小・中学校の学習指導要領は，平成18年12月に約60年ぶりに改正された教育基本法等を踏まえ，伝統や文化の尊重，道徳教育の充実・強化など多岐にわたる内容が盛り込まれた。これらはそれぞれ改訂の重要なポイントであることを前提としつつ，以下では本書のテーマとなっている知識・技能の活用を図る学習活動の重視にしぼって，その背景や中央教育審議会での議論，学習指導要領上の位置付け等について述べてみたい。教壇にお立ちの先生方や教職を志す方々にとって何らかのご参考になれば望外の幸せである。なお，以下の記述で意見にわたるものは私見であることをあらかじめお断りしたい。

❷ 知識・技能の活用を図る学習活動の重視の背景

　小・中学校の新学習指導要領の第1章総則においては，「各教科等の指導に当たっては，児童生徒の思考力，判断力，表現力等をはぐくむ観点から，基礎的・基本的な知識及び技能の活用を図る学習活動を重視する」旨規定されている。このように今回の改訂において知識・技能の活用を図る学習活動が重視されている背景としては，①教育基本法や学校教育法の改正，②社会の変化や子どもたちの現状を挙げることができる。

　①については，改正教育基本法において新たに教育の目標等が規定された。それを受けて平成19年6月に改正された学校教育法では，小・中・高等学校等において「生涯にわたり学習する基盤が培われるよう，

基礎的な知識及び技能を習得させるとともに，これらを活用して課題を解決するために必要な思考力，判断力，表現力その他の能力をはぐくみ，主体的に学習に取り組む態度を養うことに，特に意を用いなければならない」（第30条第2項）と規定された。学力とは何かについてはこれまで様々な議論がなされてきたが，法律上，学力の重要な要素は「基礎的・基本的な知識・技能の習得」，「知識・技能を活用して課題を解決するために必要な思考力・判断力・表現力等」及び「学習意欲」であることが明定され，知識・技能の活用はこのような文脈のなかで位置付けられた。

　②については，中央教育審議会が指摘するとおり，社会の変化としては知識基盤社会化が大きい。我が国経済の基盤であるものづくりについても知識集約的な生産構造に変わるとともに，知識・情報・サービスが経済の基盤になっている。OECD（経済協力開発機構）が2000年からPISA調査を始め，各国の義務教育終了段階の子どもたちがいかなる質の学力を持っているか測っているのも，知識基盤社会において経済社会の発展は，労働力の数ではなく労働力の質的な向上に依存しているという認識があるからにほかならない（*1）。学校教育において，知識を単に知っているという段階からそれを活用できる段階へと学力の質を高め，子どもたちが将来，時々刻々生起し変化する課題に自らの経験や知識を活用して対応できる基盤を形成することが求めている。しかしながら，PISA調査や全国学力・学習状況調査などの結果からは，子どもたちが次代を担うに当たって重要な読解力や記述式の問題にこそ課題があることが明らかになっている。

　知識基盤社会の時代を担う子どもたちにとってバランスのとれた学力をはぐくむことが必要であり，このことは新たに法律上も要請されることとなったが，子どもたちの思考力・判断力・表現力等は必ずしも定着していない。これらが，今回の学習指導要領の改訂において，知識・技

能の活用を図る学習活動を重視する所以であると言えよう。

❸ 中教審における知識・技能の活用を図る学習活動に関する議論

　平成17年10月の中教審答申（「新しい義務教育を創造する」）は，習得型の教育と探究型の教育とは対立的・二者択一的に捉えるべきものではなく，両方を総合的に育成することが必要と提言したが，習得と探究をどのように関係付けて総合的にはぐくむのかその具体的なイメージがはっきりしないといった教育関係者の指摘は少なくなかった。そこで，中教審教育課程部会では，❷で示した背景を踏まえ，現在でも取り組まれている観察・実験，レポートの作成，論述といった知識・技能の活用を図る学習活動をその両者の間に位置付け，実際の指導において習得・活用・探究という学習活動の動態的な流れを意識するとともに，各教科で知識・技能を活用する学習活動を充実することができるよう授業時数を見直したり，これらの学習活動の流れの基盤である言語に関する能力を重視したりする必要があるとの審議が行われた。

　その結果，新しい学習指導要領についての中央教育審議会答申（平成20年1月）は，知識・技能の習得や活用，探究について次のように提言した。

　　・教科では，基礎的・基本的な知識・技能を習得しつつ，観察・実験をし，その結果をもとにレポートを作成する，文章や資料を読んだ上で，知識や経験に照らして自分の考えをまとめて論述するといったそれぞれの教科の知識・技能を活用する学習活動を行い，それを総合的な学習の時間における教科等を横断した課題解決的な学習や探究活動へと発展させることが必要である。

　　・これらの学習活動は相互に関連し合っており，截然と分類されるものではないが，知識・技能を活用する学習活動やこれらの成果を踏

まえた探究活動を通して，思考力・判断力・表現力等がはぐくまれる。
・各教科での習得や活用と総合的な学習の時間を中心とした探究は，決して一つの方向で進むだけではなく，例えば，知識・技能の活用や探究がその習得を促進するなど，相互に関連し合って力を伸ばしていくものである。

このように中教審答申は，習得・活用・探究という流れについて，
① これらを厳密に定義付け分けて捉えるというよりも，截然と分類できない一連の流れとしてその連続性やバランスを重視していること，
② その中でも，知識・技能の活用を図る学習活動は，観察・実験，算数・数学的活動，レポートの作成等これまで各学校で取り組まれてきたものであり，①の連続性やバランスを重視しながら充実することが求められること，
③ 習得・活用・探究という学習の流れの基盤となる言語活動や知識・技能の活用を図る学習活動の充実を図る観点も踏まえ国語や理数等について授業時数を増加すること，

といった考え方を示したと言ってよいだろう。

❹ 新学習指導要領における知識・技能の活用を図る学習活動

以上のような背景や中教審答申を踏まえ，新学習指導要領においては，まず，例えば，漢字の指導を充実させたり（国語），四則演算について学年間で反復（スパイラル）させたりする（算数）などの学習活動を各教科の内容に加え，発達の段階に応じた知識・技能の確実な習得に配慮している。同時に，各教科の内容に，

・「身の回りから，伴って変わる二つの数量を見付け，数量の関係を表やグラフを用いて表し，調べる活動」といった算数的活動・数学的

活動（算数・数学），
・「身近な自然の観察」など観察・実験の重視（理科），
・話すこと・聞くこと，書くこと，読むことのそれぞれに記録，要約，説明，論述といった言語活動例の例示（国語）

を加えるとともに，各教科の指導計画の作成と内容の取扱いにおいて，

・新聞，統計等の活用や観察や調査などの過程と結果を整理し報告書にまとめたりする学習活動（社会），
・原理や法則の理解を深めるためのものづくり（理科），
・継続的な観察や季節を変えての定点観測などの観察・実験，これらの観察・実験の結果を分析し解釈する学習活動（理科），

などを重視することとした。

　さらに，これらの各教科での知識・技能の活用を図る学習活動や言語活動の充実により，総合的な学習の時間を中心とする探究活動の質が高まることが意図されている。そのため，例えば，習得・活用・探究の連続性の確保という観点から，学習指導要領上，総合的な学習の時間での探究活動の過程においては，「言語により分析し，まとめたり表現したりするなどの学習活動」を重視することなどが規定されている。

❺　知識・技能の活用を図る学習活動の充実に必要な条件

　「新幹線教育」といった昭和40年代の学校教育への批判を踏まえ，「ゆとりある充実した学校生活の実現」の実現を目指し，子どもたちの思考力・判断力・表現力等の育成を意図した昭和52年の学習指導要領改訂から30年。今回の学習指導要領改訂は，あえてキャッチフレーズを掲げず，改正教育基本法や3年間にわたる中教審における骨太な審議を踏まえ，基礎的・基本的な知識・技能の基盤の上に思考力・判断力・表現力等を確実にはぐくむための具体的な手立てとして，知識・技能の確実な定着

やこれらの活用を図る学習活動，言語活動を重視した指導を発達の段階に応じてしっかりと行うというオーソドックスな考え方で貫かれている（＊2）。新しい教育課程の中で，知識・技能の活用を図る学習活動の重視が実現されるためには，いくつかの条件が必要だろう。

　第一は，まず教育関係者の間で今回の改訂の趣旨の十分な理解を図る必要がある。特に，教科担任制の中・高等学校の教師には，知識・技能の活用を図る学習活動の充実とともに，レポートの作成・推敲や論述といった学習活動を行うのはすべて国語科の役割だと考えるのではなく，必要に応じ国語科の教師と連携して，これらの学習活動を自らの担当教科で行うことが，子どもたちの思考力・判断力・表現力等をはぐくみ，その教科の知識・技能の確実な定着にも結びつくという意識を一層持っていただくことが必要である。平成20年度は文部科学省としても新学習指導要領の内容や趣旨について十分な説明と双方向の意思疎通を図るよう努力することとしている。

　第二は，教科書等の教材の充実である。中教審答申でも指摘されているとおり，繰り返し学習や知識・技能の活用を図る学習，発展的な学習に自ら取り組み，知識・技能の定着や思考を深めることを促すような工夫が凝らされた読み応えのある教科書が求められる。

　第三は，指導体制の確立を含む条件整備である。観察・実験や子どもたちに文章を作らせ，リライトするといった個に応じたきめの細かい指導の実現のためには外部人材の活用を含む条件整備が不可欠である。

　第四は，カリキュラム・マネジメントの確立である。教育課程や指導方法等を不断に見直し，改善することにより，効果的な教育活動を充実させることができる。また，このように学校教育において改善サイクルが機能していることを保護者や地域をはじめ広く社会に示すことは，学校教育に対する公財政からの投資の充実を図る上でも重要である。

これ以外にも，学習評価，教員養成課程，大学入試，学力の水準の確保の観点からの高校と大学の接続のそれぞれの改善なども重要な課題であり，これらについては引き続き中教審や文部科学省で審議や検討が行われることとなっている。

❻ おわりに

　教育ジャーナリストの勝方信一氏が指摘するとおり，「評価」と「改善」は教育行政にも求められている（＊3）。今後ともこのようなご指摘を踏まえるとともに，今回の改訂が，次代を担う子どもたちにどのような力をはぐくむかについての社会全体のコンセンサスと保護者の子に対する愛情や思いがうまく重なり合い，重要な社会的インフラである公教育に対する財政からの投資をさらに重視する契機となることが重要と考えている（＊4）。

＊1　知識基盤社会と学校教育との関係については，例えば，矢野眞和氏『教育社会の設計』（東京大学出版会）や教育費研究会『教育費研究会中間報告　次世代が育つ教育システムの構築』（日本地域文化研究所）に詳しい。

＊2　京都市立堀川高等学校長で中教審教育課程部会の委員でもいらっしゃる荒瀬克己氏は，このような教育を「外発による内発」と表現し，子どもたちの「内発」を引き出すためには，教師が仕掛ける「外発」の質の向上が重要と指摘する（平成20年4月4日付毎日新聞朝刊）。なお，同氏が参考人として意見陳述を行った平成19年5月31日参議院文教科学委員会の議事録（国会のホームページ上に掲載）も併せてご覧いただきたい。

＊3　勝方信一氏「「評価」と「改善」　教育行政にこそ」（平成20年2月2日付讀賣新聞朝刊）

＊4　新しい学習指導要領の基本的な考え方や公教育に対する投資の重要性等については，文部科学省編集『文部科学時報』（平成20年3月号「特集 学習指導要領の改訂」）をご参照願いたい。

3

活用力のメカニズム——認知・学習理論の視点から——

広島大学大学院教育学研究科教授●森　敏昭 ……………………………

　学習心理学や認知心理学の分野では，ある文脈で学習したことを別の新しい文脈で活用することは「学習の転移」と呼ばれており，そのメカニズムが古くから研究されている。特に1980年代以降，学習科学という学際的・実践的な科学が発展したのに伴って，学校教育の実践の現実に根ざした転移の研究がなされ始めた。そこで本稿では，そうした学習科学の最新の知見に基づいて，転移を促進するための条件，すなわち子どもたちの「活用力」を育成するための条件を，教室での学習指導法と関連づけて説明することにする。

❶　理解を伴う学習

　転移は学習課題の内容や問題解決の手順を記憶することによって生じるのではなく，課題をよく理解しながら学習することによって生じる。そのことは，ヴェルトハイマーの次のような実験結果からも明らかである。この実験では，平行四辺形の面積の求め方を教える際に，「面積＝底辺×高さ」という公式を丸暗記させるグループ（丸暗記群）と，その公式が導き出される原理を理解させるグループ（理解群）を設け，両グループの転移課題での成績を比較した。その結果，公式をそのまま適用できない応用問題において，理解群のほうが丸暗記群よりも成績がよかったのである。

　ところが，授業で取り上げられる教材の中には，内容が抽象的で意味を理解するのが難しいものが少なくない。そのため子どもたちは，特に学習の初期段階において，教材の意味がよく理解できないという事態に

直面しやすい。学習の初期段階では，基本的な概念を理解し，既有知識と教材の内容を結びつけることが重要であり，そのためには時間が必要である。それにもかかわらず短期間に多くの課題を与えると，子どもたちは教材の意味をよく理解できないまま，事実の羅列的な丸暗記をすることになる。これでは決して転移は生じない。したがって，授業で子どもたちに理解を伴う学習をさせるためには，教材の意味がよくわかるように，考えるための時間を十分に設けることが大切である。

❷ 既有知識に基づく学習

　学習内容の意味を理解させるためには，学習内容を子どもたちの既有知識と関連づけるように指導することが大切である。例えば就学前の子どもたちも，日々の生活のなかでたし算やひき算を行っており，計算に関するインフォーマルな知識をすでに身につけている。しかし，記号や数式に基づくフォーマルな知識はまだ身につけていない。

　したがって，学校でたし算やひき算を教える際には，子どもたちの既有知識を活性化し，インフォーマルな知識とフォーマルな知識を関連づけるように指導することが大切である。そうすれば子どもたちは，学校で初めて学ぶフォーマルな知識の意味を，よりよく理解することができるだろう。ただし，フォーマルな知識とインフォーマルな知識を整合的に関連づけるように指導しないと，かえって子どもたちを混乱させてしまう危険性がある。なぜなら，年少児の数に関する知識（たし算やひき算をするときに使われる知識）は，整数の概念を理解する際には役立つが，有理数の概念を理解する際には妨害となる危険性があるからである。

　例えば，分数の数学的原理は，年少児が持っているカウンティングの原理（小さい数から順に数を数えていく原理，2つの数を加えれば数が大きくなるなどの原理）とは違っている。つまり，分数では，数字は単純

に大きさの順に並んでいるわけではない。また，分数は1つの基数をもう1つの基数で割ったもので，余りが出る数の存在も考慮されている。しかし，カウンティングの原理は，大きさの順に並んだ整数を順に数えていく方法であり，少数点以下の数値を考慮に入れない。すなわち，分数では，分数の符号（—）によって数値を分断して$\frac{1}{4}$は$\frac{1}{2}$よりも小さいことを示すことができるが，カウンティングの原理にはこのような手段がない。このため，多くの子どもたちはカウンティングの原理を分数の理解に応用することができず，分数の授業についていけなくなるのである。

このように，子どもたちが既有知識に基づいて新しい知識を獲得していく際には，既有知識を持っていることが，かえって学習の妨害になる場合がある。したがって，学習指導の効果を上げるためには，教師が子どもたちの思考過程を子どもたちにも見えるような形で呈示することによって，子どもたちが自ら既有知識を教科学習の知識体系と整合的に関係づけるように指導する必要がある。

❸ 領域固有の知識から抽象的な知識へ

ある課題を特定の文脈で学習するのは容易でも，それを他の文脈に転移するのは難しい。例えば，ブラジルの街中でたむろしている子どもたちは，路上で売買をするときの計算はできるのに，同じ計算を学校で習うような形式にすると解答できないことがある。これは"ストリート算数"と呼ばれる現象であるが，これと類似の現象は，多様な文脈が考慮されていない学習課題を学校で与えた場合にも生じる。例えば，小学5,6年生にボート旅行の計画を立てる課題を与えて，距離，比率，時間などの算数の概念を学習させたとき，子どもたちは学習した知識を別の新しい文脈での問題解決に活用できないのである。

それでは，文脈を超えた転移を生じさせるためには，どうすればよいのだろうか。そのためには，学習の際に複数の文脈を用いたり，他の文脈での適用例を示すことが有効である。そうすることによって，一般的で抽象的な概念を抽出することが可能になり，獲得した知識を柔軟に新しい文脈へ転移できるのである。

　そのための具体的な方法としては，次の3つが考えられる。第1の方法は，ある特定の事例を課題として与え，その後にその事例と類似した課題を追加することである。第2の方法は，ある課題を特定の文脈で学習させた後，「もし～だったなら」という質問をして子どもたちに考えさせることである。つまり，子どもたちに「もし，この問題のこの部分が違っていたらどうなるか」を考えさせることによって，思考の柔軟性を高めるのである。第3の方法は，1つの問題に限定するのではなく，他の問題にも関連する一般的な形式の課題を与えることである。例えば前述の「ボート旅行」の課題の場合であれば，子どもたちにボート旅行の計画を立てさせるのではなく，旅行会社を経営するという課題を与えるのである。旅行会社を経営するためには，ボート旅行の計画だけでなく，さまざまな場所への旅行計画を立てなければならない。そして，能率よく計画を立てるためには，旅行中に起こるかもしれない問題を予想して数学的なモデルを作ったり，そのモデルを使って表やグラフやコンピュータ・プログラミングを作成したりしなければならない。このようにして，ある特定の文脈に限定されない一般的な課題を与えることで，広範な領域への転移をもたらすことが可能になるであろう。

　また，複数の領域にまたがるような抽象的な形式で問題表象を形成するように指導することも，転移を促進するための効果的な方法である。そのことは例えば，混合の概念について，数学的原理を示した表を使って代数の文章問題を学習させる場合と，絵を使って学習させる場合とを

比較した研究の結果からも明らかである。すなわち，数学的原理を示した表を用い抽象的な形式で指導された子どもは，学習課題と共通の数学的原理を含む転移課題にも解答することができたのに対し，混合の概念を表した絵を用いて指導された子どもは，学習課題には解答できても転移課題には解答できなかったのである。

❹ メタ認知能力の育成

　転移を生じさせるためには，子どもたちのメタ認知能力を育成することが重要である。そこで次に，読みの指導と作文指導に用いられている相互教授法と，算数の指導に用いられているヒューリスティックスを利用した指導法を例に挙げて，それらの実践事例ではどのようにメタ認知能力の育成がなされているかを紹介する。

　読みの指導法である相互教授法が目指しているのは，文章教材を理解するための機械的な「手続き」を記憶させることではなく，教材で取り上げられている内容を深く理解するための「メタ認知方略」を習得させることである。すなわち，子どもたちを，学習したことの説明，精緻化，モニタリングができる自立した学習者に育てることが相互教授法の目標なのである。

　この相互教授法では，モデリング，足場づくり，相互学習という3つの要素で構成されており，子どもたち同士が交代でリーダーシップをとりながら，話し合い中心の授業が進められる。第1のモデリングとは，教師が読みの熟達者が用いるメタ認知方略の模範を示すことを指す。第2の足場づくりとは，子どもたちに正しく理解しているかどうかを自分でモニタリングするための教示と練習の機会を与えることを指す。そして第3の相互学習とは，より深い理解を求めて子どもたち同士が学びの交流をするための協同的な学びの場を設けることを指す。

相互教授法を作文指導に用いる場合には，教師はまず，作文を書く際に必要となるメタ認知方略の模範を示す。次に足場づくりとして，作文の熟達者が洗練された作文を書く際に行うメタ認知活動を手がかりとして与える。この手がかりによって，「目標の設定」「アイデアの産出」「産出したアイデアの整理」「文章の推敲」などのメタ認知活動を促すのである。さらに，子どもたちが順番に自分の考えを述べたり，どのように作文の構想を練り直したかを発表する場を設定する。そうすることによって，子どもたちは互いに認知活動を高め合うことができるのである。

　計算指導の分野では，ショーンフェルドがヒューリスティックスを利用した学習指導法を実践している。この方法は，ポリヤのヒューリスティックスを使った問題解決方略を参考にしたもので，モデリング，コーチング，足場づくり，相互学習，クラス全体または小グループでの話し合い活動が含まれている点で，上述の相互教授法と類似している。具体的には，まず教師が問題解決方略の例を呈示し，子どもはそれを参考にして別の解決方略をいくつか考え出す。そして，そのうちのどれが実行可能であるかを検討し，さらに，自分の進歩の程度を自己評価する。子どもたちは，このような活動を通して，しだいに自己制御された質問ができるようになり，教師の指導を必要としなくなる。そして授業の最終段階では，教師と子どもの役割が逆転してしまうこともある。

参考文献

松田文子・森敏昭（監訳）　1997　『授業が変わる：認知心理学と教育実践が手を結ぶとき』　北大路書房

森敏昭・秋田喜代美（監訳）　2002　『授業を変える：認知心理学のさらなる挑戦』　北大路書房

森敏昭・中條和光（編著）　2005　『認知心理学キーワード』　有斐閣

森敏昭・秋田喜代美（編著）　2006　『教育心理学キーワード』　有斐閣

4
OECD／PISAのキー・コンピタンシーと活用力

国立教育政策研究所教育課程研究センター総括研究官●有元秀文

❶ PISAとキー・コンピタンシーの定義

　1997年にOECD加盟国はPISA（国際学習到達度調査）をスタートした。目的は義務教育終了直前の生徒の学力が，社会に完全参加できるかどうかを測定することにある。この実際性が，わが国で考えられがちな学力と異なる。
　PISA開発の原動力には次のようなことがある。
・様々な教科や領域で，課題を発見し解決し分析するために，分析し推論し効果的にコミュニケートする力を育てる。
・子どもたちの教科内，教科間の能力だけでなく，子ども自身の学習へのモチベーションや自尊感情を高め生涯にわたる学習につなぐ。
・各国が定期的に子どもたちのキー・コンピタンシーを測定できるようにする。

　PISA調査は，読解，数学，科学，問題解決で行われるが，OECDのDeSeCo（Definition and Selection of Competencies）プロジェクトは，子どもたちが人生で成功するための，もっと幅広いキー・コンピタンシーを提案しようとするものである。

❷ 概　観

　人生で成功し社会を機能させるにはどんな能力が必要か？
　現代社会で求められる能力は知識と技能だけではない。様々な場面で多様な事態に対応できる能力が必要だ。

キー・コンピタンシーの必須要件は,
・社会と個人にとって価値の高いものであること
・様々な状況で,個人が重要な課題を解決するのに役立つこと
・専門家だけでなく,すべての個人にとって重要であること

キー・コンピタンシーの三区分
DeSeCo はキー・コンピタンシーを大きく三区分した。
1　言語やコンピュータなどの道具を効果的に使う能力
　個々人は,様々な場面で効果的に生き,自分の目的を達成するために,コンピュータのような物理的な道具と,言語のような社会文化的な道具を使えなければならない。
2　自分とは異質な人々とうまく関わり合う能力
　相互交流の深まる現代社会では,様々な背景を持った異質な人々とうまく関わり合えなければならない。
3　自立して行動する能力
　大きな社会状況の中に身を置いて,自分の人生に責任を持って自立し行動しなければならない。
この三区分は相互に関わり合っているが,「深く考えて行動する」ことは,その中核にある。それは決まり切った状況に対応するだけでなく,変化に対応し,経験から学び,あらゆることを評価・批判するクリティカルなスタンスで,考えて行動することである。

❸　キー・コンピタンシーの基盤

　すべての OECD 加盟国は,①民主主義と,②長続きできる開発 (sustainable development) を達成することの重要性に合意した。
　これは,個人が自己の可能性を達成するだけでなく「他人を尊重する」

「公正な社会」という社会全体の目的を実現するということである。

ほとんどの OECD 加盟国は次のような価値観を重視した。柔軟性，起業精神，自己責任，順応性，革新性，創造性，自主性，やる気。

キー・コンピタンシーは，状況や場面に応じて，様々な組合せで用いられる。

❹ キー・コンピタンシー 1：道具を効果的に使う能力

道具を効果的に使うとは，文章を読むとかソフトを使うというような受け身の技能だけではない。場面や状況に合わせて積極的に工夫し創造的に使う能力が必要である。

コンピタンシー 1A：言語と記号とテキストを関連づけて使う能力

話し言葉，書き言葉，計算を様々な状況で使う最も基本的な能力である。コミュニケーション能力とかリテラシーとも言う。読解リテラシーと数学的リテラシーがこれに含まれる。

コンピタンシー 1B：知識と情報を関連づけて使う能力

サービス産業と情報産業の果たす役割が大きくなり，知識と情報を関連づけて使う能力の必要性が高くなった。

キー・コンピタンシーでは，様々な情報を評価批判するクリティカルな熟考・評価が求められる。情報能力は意見を述べたり意志決定したり実行したりするのに不可欠だ。

この能力は，進んで科学的探究をする科学的リテラシーに必要だ。

コンピタンシー 1C：科学技術を効果的に使う能力

科学技術の開発は職場でも職場の外でも新たな課題を与えている。遠隔地の人と交流したり大量の情報を瞬時に入手したり世界中の人々と交流するために，個々人はコンピュータを使いこなす必要がある。

❺ キー・コンピタンシー2：異質な人々と関わり合う能力

多様化する現代社会で，様々な人々と上手に関わり合っていく必要が高まっている。

他人に共感したり，協力連携したり，チームを組んで働き，強いネットワークをつくる能力が必要になる。人間関係のもめごとが生じたときに上手に解決する能力も必須である。これらの能力は，社会的能力，社会的技能（ソーシャルスキル），文化間能力，ソフトスキルなどと呼ばれる。

コンピタンシー2A：ほかの人々と上手に関わり合う能力

変化する社会や会社の中で「感情的な知性」の重要性が増す中で，ほかの人々とうまく関わり合う能力は社会的に成功するために不可欠である。他人の価値観や信念や文化を尊重し，お互いが大切にされていると思える社会を築く必要がある。そのためには次の二つが重要である。

- 共感：自分だけが正しいと思わず，相手の立場や状況になって考える。
- 感情を上手にコントロールする：自分自身の感情や意欲に気づき，同時に相手の感情や意欲も思いやる。

コンピタンシー2B：連携協力する能力

一人だけでできることは限られていて，目的を達成するためには必ず共通の目的を持った人たちと連携協力しなければならない。その時，必ず喧嘩や対立やもめごとが起きる。

連携協力には次のようなことが必要である。

- 自分の考えを表現し，ほかの人の言うことを理解する能力
- 争いにならないように冷静に議論して課題を解決する能力
- 長続きする人間関係を保つ能力
- 交渉する能力

・様々な異なった意見を認めながら，意志決定する能力

　これらはすべて討論に必要な能力で，日本人が最も不得手とするものである。

コンピタンシー 2C：異質な人々と関わり合う能力

　争いや対立やもめごとを解決するために一番大切なことは，そういうことは必ず起こることで，なんとかして解決しなければならないということを知っておくことである。日本人はともすれば，争いが起こってはいけないことのように思うからうまく解決ができないで感情的なしこりばかりが残ってしまうことが多い。

　争いや対立やもめごとを解決するには次のようなことが必要である。
- 問題を分析する：対立の原因は何か？　対立する双方の人は何を主張しているのか？　様々な立場や状況があることを理解する。
- 争っている双方にとって「どこが対立しているのか」「どこが一致しているのか」を確認する。
- どういう条件なら双方が歩み寄れるのか？　双方の目的と要求に優先順位をつける。

❻　キー・コンピタンシー 3：自立して行動する能力

　基本的に集団主義である日本人には「自立」という考え方はキー・コンピタンシーの中で最も理解しにくいものだと言える。日本人の美質を大切にする必要はあるが，これを理解して実行できないと国際社会での交流は難しい。

　自立とは孤立することではない。逆に自分の周囲や社会の仕組みを理解する必要がある。個人が自立していないと家庭でも職場でもうまく機能できない。個人は無条件に多数にしたがうのではなく，自分の独自性を育て，自分の人生を自分で選ぶ必要がある。自分が何をやりたいかを

はっきり知る必要がある。終身雇用制度が揺らぎ始めた日本では，自分の個性や独自性を大切にする必要性はますます高まっている。

コンピタンシー3A：大きな全体像を捉えて行動する能力

次のような，過去のできごとや，社会の仕組み，社会のルールなどの大きな全体像がつかめていないと自分の独自性も大切にできない。
- 法律や規制，道徳や社会のしきたりやマナーなどを知ること
- 自分のした行動がどんな結果を引き起こすかを知っておくこと
- どんな結果が起こるかを予測して，自分の行動を決定すること

コンピタンシー3B：自分の人生を設計する能力

変化する社会の中で，次のような人生設計が必要である。
- 目標を明確にし，予算や時間の使い方を知ること
- 優先順位を決め，失敗に学び将来を予測し，適切な軌道修正すること

コンピタンシー3C：自分の権利，興味，限界，必要性をはっきりさせる能力

自分の権利を守り，自分の興味のあること，興味のあることを追求することは，他人のそれらを大切にするのと同じように大切である。

自分の必要なものや権利を手にいれるために議論したり，それがうまくいかないときに調整したり，ほかの解決策を見つけたりすることは，この変化する社会で，一人一人が幸せになっていくためには，どうしても必要なキー・コンピタンシーである。

このような自立した個人を育てることが，これからの日本の教育にとって大きな課題となるであろう。

参考文献

The Definition and Selection of Key Competencies, Executive Summary, OECD.

5
知識教育一辺倒からの転換

ジュニア・アチーブメント日本　専務執行役理事●中許善弘　……………

❶ はじめに

　私は教員でもなく，教育事業を経営する立場の者でも行政関係者でもない。子どもたちに社会の仕組みや経済の働きについての理解を促進し，社会で生きていく力を育成している教育非営利団体（＊1）の職員である。従ってここで述べる意見に学術的根拠を問われると非常に心もとない。しかし，子どもたちに接することが日常業務である関係上，実際の活動事例や訪問した学校の数については多少の自信があるので，具体的事例を通して表題について考えてみた。なお，その過程で当方が提供している教材やプログラムの一部を紹介することになるが，事例の確かな根拠としたいのでお許し願いたい。

❷ 「考える力」の本質

　「今日は脳みそが汗かいた」。これは，最難関校といわれる私立高校の生徒たちが，企業経営シミュレーション（＊2）を行った後に述べた感想である。その意味を聞くと，「これほど考えたことは今までなかった」と言い，「考えるとはこういうことだったのか」とも言った。今までの彼らは考えていたわけではなかったのか。ここに興味があったので，続けて意見交換した結果，2つのことがわかった。考えているかどうかはあくまでも本人の自覚の問題であり，他人にわかるものではないこと，そして，「偏差値が高いこと」と「考える力があること」は必ずしも比例していなかったことである。では，彼らがやっていたこととは一体何だった

のか。それは単に「思い出すことに集中していただけの姿」だったのではないか。試験には必ず正解があるはずだという前提で問題に取り組み，問題を解くために必要な知識（解き方）は過去に教えられていたはずだという思いで頭の中をスキャンしていく。答案用紙に答を書いた段階でそれが正解かどうかもおおよその見当がつき，すべての作業はその時に終了する。正解なら，結果は誰がやっても同じになる。子どもたちがやっている勉強とはひたすら知識をデータベース化する行為であり，試験問題を解くことはそれらを引き出す機械的なスクリーニング行為であった。その行為は情報検索に似ていて，蓄えた知識を使っているわけではない。もちろん，この表現が乱暴だと指摘されることは承知しているが，一般的に，勉強＝試験の成績を上げることと理解されている以上，そう表現するのも一概に乱暴だとは言い切れない。考えているように見えていた姿は，実のところ「あぁ，この問題ねぇ，やったよなぁ。あの時，先生は何と言っていたかなぁ，ウーン」という思い出しの姿だった。

　では，逆に，彼ら自身が「はじめて考えた」と自覚した行為はどういうものだったのか。彼らが行った企業経営シミュレーションは，クラスを5人ずつ7〜8チームに分け，コンピュータの中に設定された仮想の企業を経営しながら，互いの業績を競い合うものである。意思決定する内容は価格・生産量・宣伝広告費など5項目あり，第1期の経営資料を見ながら上記の項目についてチーム内で意見を交わし，合意内容をコンピュータに入力すると，第2期の資料に業績と順位の結果が記録される。勝敗は最終回の業績（通常8期目）で決まる。ごく基本的なパラメータは設定されているものの，意思決定の自由裁量度は十分確保されている。現実的ではない偶然性はまったく排除されているので，シミュレーションがアミューズメントゲームの雰囲気に流れることもない。チームの意

思決定に大きな影響を与える環境要因は常に変化するので，どうすれば成果が上がるかという定型手法があるわけではない。また，業績を上げるという命題しか与えられていないので，取り組むべき問題そのものの発見から始めなければならないが，これが生徒たちを大いに苦しめる。「社会では，何をどうするかも示されないことがあることを知った」と多くの生徒が後で述べている。意見交換を通じて一旦は合意した内容も，コンピュータに入力する瞬間，生徒たちは非常に強い恐怖感に襲われる。自分たちが自信を持って合意したはずの内容も，それが必ずしも成果に結びつくとは限らないことに気付き始めると，それを押すことによってチームの合意内容が確定されてしまうエンターキィがなかなか押せない。

　生徒たちは意思決定を行った一連の過程を通して，「話し合ったり，意見を言ったりすること」と「それを決定すること」とはまったく違うものだと理解する。意見を言い合うだけでは，ある意味言い放しで済んでしまうが，決定してその意見が実行されると確実に結果が出てしまう。結果が出ると同時に責任もともなう。結果が出るがゆえの「意思決定の怖さ」や「重い責任をともなうこと」を自覚すると，自分たちが今から下そうとする意思決定の中身と対応の仕方について真剣に考え始める。また，結果が生む学習効果により，その後の意思決定内容が洗練されていくので，考えるという行為に興味が湧き始める。意思決定というプロセスがあるからこそ「考えなければならないという意識」が自然に生まれてくる構図である。偏差値が最高位の彼らも意思決定する機会はなかった。今回，かつて経験したことのない意思決定を行ったがゆえに考えざるを得ない立場に置かれ，それが彼らをして「これほど考えたことは今までなかった」と言わしめる根拠になった。

❸ 考える力の源泉は「知恵」である

　考える力は，必ずしも成績のよい生徒だけが持っているとは限らない。生活指導上に問題のある生徒がいる学校で前項と同じプログラムを行ったことがある。今から企業経営シミュレーションを行おうという時に，「利益って何？」と質問する生徒がいた。知識の少なさには正直驚いたが，「利益とはもうけのこと」と理解した途端，現実にかなった手を打って業績を上げていった。一方，「利益とは何か」を知っている成績優秀な生徒もいたが，利益はどうすれば上がるかについての手が打てなかった。つまり，「言葉を知識として知っている」ということと，「言葉が持っている社会的機能を実際にどう使うか」ということは別問題であるようだ。日頃，偏差値だけで比較され劣等感を持っていた生徒たちにとっては，共通プログラムで勝ち取った勝利体験がもっと色々なことを知りたいという動機につながっていった。彼らに，なぜ，対応の違いが生じたかについての明確な根拠は見当たらない。しかし，親や受験指導者の手厚い庇護を受けながら生活感をともなわない環境で勉強している他の多くの生徒と違って，生活指導上に問題がある生徒であったからこそ，彼らのその環境が生きていくための知恵を育んだのではないか。知恵は色々な制約条件を乗り越えていく過程で育つ場合もあるので，庇護されすぎて何の抑制や抵抗もない環境では育ちにくいのではないか。

❹ 考える力の源泉「知恵」は幼少の頃から育まれている

　「知恵」はすでに幼少期にも育まれている。学校の中に「街」を作り，8週間の事前学習で学んだことを，そこでの体験を通じて完結・習得させるという小学校5年生対象の体験型実技演習の学習施設（＊3）がある。ここで，先生方に「あの子にあんな考えが出てくるとは思わなかった」

と言わせた発見があった。設問は次のようなものである。

> 以前から欲しいと思っていたAとBを2つ同時に見つけました。
> しかし，今あなたが持っているお小遣いでは2つ同時に買えません。
> そこであなたならどうするか次の3つの中から選びなさい。
> 　（1）AかBのどちらかを買う
> 　（2）どちらもあきらめる
> 　（3）お小遣いがたまるまで待つ

　多くの生徒は(1)か(3)を選択するが，「4つ目がある」と言い出した生徒がいた。考えを聞くと，「AもBも欲しいけれど，自分にとって本当に必要かどうかを考えた時，本当に必要だと思うものは他にあって，それは今のお小遣いで買えるかもしれない」という意味のことを言ってくれた。経済学の「ニーズとウォンツ」の理論で，人の選択活動に深い関わりを持つ基本要素である。小学校5年生でこういう知恵が出るのは，課題が自分自身に深く関与しているからだろう。もともと経済学は人の行動様式を理論的に後付けしたものである。知識として教えられていない場合でも，小学生が上記のような考えを言うことは，知恵が人間本来の資質であることを物語っている。「この場合，あなたならどうする」という主体性が問われた時に知恵が働くと考えられるので，「それはあなたの意見でしょう，みんなの意見はどうなの」というように個人の意見を全体意見に収斂させるのではなく，「それはみんなの意見でしょう，あなたの意見はどうなの」という指導も時には必要であろう。

❺ 体験学習が持つ大きな役割

　中学2年生を対象にした別の体験型実技演習施設（＊4）でも，「あの子にあんなことができるとは思わなかった」という先生方の感想を聞くが，

それは「教室で発見できていなかった」という告白であり，「そこで発見できていなければ，その子に対する新たな評価ができなかった」という反省であり，「他にも同じような例が埋もれているのではないか」という緊張感である。「総合的な学習の時間」の中で大きな比重を占める体験学習は，体験させることだけが目的になっている場合が多い。<u>特別なことをしなくとも，体験現場にいて生徒の行動を見守っているだけで新たな個性を発見する機会に出会えるし，その発見を日常の指導に生かすこともできる。つまり体験学習は「手段として行う」と理解すべきである。</u>

　キャリア教育は，進路指導が多様化していく中で生まれたものだが，現在のそれは，どちらかというと職業上の技能向上や仕事にはどれだけの種類があるかという理解促進が中心なので，指導的色彩の強いスキル教育になっている。私は「<u>進路は指導するものではなく，生徒みずからがめぐり合うもの</u>」と理解している。「あの人はすごい！」などの感動体験とめぐり合うことによって，「自分もあの人のように生きたい」という生き方への強い動機が心の中に刻まれ，それらが積み重なって自分なりの進路イメージが形成されていく。こういう機会をできるだけ多く持たせる必要があるにもかかわらず，「勉強時間さえ増やせば学力が上がり，同時に選択機会も増えるはずだ」という世論の思い込みが教育行政への圧力になり，結果として，子どもたちから生き方への動機にめぐり合う機会を奪ってしまっている。「多様な体験を通して自分の生き方を探る」という目的で始められた総合的な学習の時間も，全体時間が変わらないからといって各教科の中に吸収され，「個別教科の中での総合学習」という意味的にも不思議な位置づけになってしまったことに異議を唱えたい。

❻　生きる力の前提は社会との関わり

　生きる力は「社会で生きる力」と理解するのが自然である。従って，生きる力を考える時，「社会とは何か」という理解は誰にとっても重要であり，初等中等教育段階でも重要な教育テーマになる。人は一人で生きていくことはできない。自分がモノを買うにも，それを売ってくれる人がいないと実現しないし，逆に自分がモノを買うことによって，それを売ってくれる人の生活が支えられている。自分は他人の恩恵により生きているが，その自分は他人に恩恵を与えることができる存在でもある。このように社会は人が仕事を通じてお互いに助け合っている共存構造になっているので，当然のことながら自分と他人との関わりを忌避できるものではない。つまり，社会は自分と他人との関わりがあってこそ成り立っているが，これは子どもたちに他人との関わりを学ばせる学校本来の役割と共通している。しかも，学校には，運動場や体育館・野球場・プール，講堂や図書館，給食設備や保健室・部室・多目的ホールなど，時価換算で膨大な有形資産がある。企業経営者なら，価値ある経営資源は最大限活用しようとする。児童生徒の，社会の一員としての責任感や常識の醸成，自我の確立と他人への思いやりなど「総合的でバランスのとれた資質の育成」はそれらの資産がある学校だからこそ可能である。しかし，現実には，価値ある学校資産の有効利用を放棄して受験指導にシフトする学校があまりにも多い。受験指導は，勉強のやり方や目的が自分だけのためであることを強く意識させるため，結果として他人との関わり（社会性）を忌避させてしまい，社会的適応力が乏しいまま人を社会に送り出している。

❼　求められる資質と，それらをどう評価するかという問題

　私たちの社会では，可視できる結果でしか評価を行わない傾向が強い

ので，学校現場においても「知恵」に対する評価基準は今のところない。従って，生徒が優れた知的資質を有していても，本人の成長機会は見過ごされたままになっている。反面，これからは，広い視野で課題を発見し，その対応に主体的に取り組み，意思決定プロセスにも参加して結果に対する責任意識を分担し，他人と違う意見を言う勇気や異質の意見に対する寛容性などの人的資質が求められる。知識は勉強さえすれば速習でも習得できるが，これらのスキル・知識・知恵・人間性などを総合的にバランスよく有した資質の修得には時間がかかる。同時に，今の教育システムでは評価されにくい項目である。しかしながら，「あの子にあんなことができるとは思わなかった！」という，<u>教員が生徒の新たな個性を発見した時の純粋な感動はそれ自体がすでにきちんとした評価になっているうえ，その個性を伸ばしてやりたいという教員らしい強い思いはそれ自体が責任ある使命感になっている。</u>活動事例を通して，このような高い理念と健全な動機を持つ多くの学校教員を見てきたので，学校と教員は，日本の立国基盤の確立という点においてきわめて重要な存在であり，その人たちの役目が果たす成果の大きいことを疑わない。

＊1　ジュニア・アチーブメント（Junior Achievement）　青少年に対する社会・経済的リテラシーを促進する目的を持って1919年に米国で発祥し，現在，世界96ケ国の学校や教育団体に関連教材やプログラムを無償で提供する世界最大の経済教育団体（民間，非営利）。日本での活動は1995年に開始された。連絡先は以下の通り。
　　　住所：東京都港区六本木 6-15-21 ハークス六本木ビル
　　　電話：(03) 5414-1175　　ファックス：(03) 3475-0025
　　　メール：jajyk@attglobal.net　　ウェブページ：www.ja-japan.org

＊2　MESE（Management Economics Simulation Exercise）　中学・高校生用企業経営シミュレーション。詳細は＊1のウェブページ参照。

＊3　スチューデントシティ　小学5～6年生を対象にした体験型実技演習の学習施設。東京都品川区教育委員会と京都市教育委員会との共催で実施している2つのプロジェクトがある。詳細は＊1のウェブページ参照。

＊4　ファイナンスパーク　中学2年生を対象にした体験型実技演習の学習施設。東京都品川区教育委員会と京都市教育委員会との共催で実施している2つのプロジェクトがある。詳細は＊1のウェブページ参照。

6
活用力と言葉の力

京都橘大学教授●甲斐睦朗 ……………………………………………………

① はじめに

　まず，平成20年3月末に公示された「小学校学習指導要領」「第1章総則」の「第1　教育課程編成の一般方針」は1～3に分けられている。その「1」の第二段落の本文を引用しておきたい。なお，「中学校学習指導要領」は次に引用する本文の「児童」を「生徒」に置き換えるだけの違いであって，本来義務教育9年間を貫く根本的な方針として提出されている。

　　学校の教育活動を進めるに当たっては，各学校において，児童に生きる力をはぐくむことを目指し，創意工夫を生かした特色ある教育活動を展開する中で，基礎的・基本的な知識及び技能を確実に習得させ，これらを活用して課題を解決するために必要な思考力，判断力，表現力その他の能力をはぐくむとともに，主体的に学習に取り組む態度を養い，個性を生かす教育の充実に努めなければならない。その際，児童の発達の段階を考慮して，児童の言語活動を充実するとともに，家庭との連携を考慮して，児童の学習習慣が確立するよう配慮しなければならない。（1頁）

　2文構成の引用文の最初の文は，骨組みだけを整理するとしたら，次の5つの大切な事項を指摘していることになる。仮に符号をつけて掲示してみよう。

　　ア　各学校の教育活動は「生きる力」を育むことを目指すべきこと
　　イ　各学校は，創意工夫を生かした特色ある教育活動の展開に力を入

れるべきこと
　ウ　基礎的・基本的な知識及び技能を確実に習得させるべきこと
　エ　課題を解決するために必要な思考力，判断力，表現力などを育む
　　べきこと
　オ　主体的に学習に取り組む態度を養いつつ個性を生かす教育の充実
　　に努めるべきこと
　この5項目に整理した中の「エ」に明示されているように，新しい学習指導要領では，学校教育全体で言語力を育成するように改善されている。それは，これまでの学習指導要領が不備であったからではない。また，こうした考え方がこれまでなかったわけでもない。ただ，無意識にあるいは常識だとして軽く扱われていた事柄を明文化したと受け取るべきである。

　ここで，「ウ」及び「エ」の2項目について触れておくと，「ウ　基礎的・基本的な知識及び技能を確実に習得させること」は，現行の学習指導要領では国語科の授業時数の大幅な削減の結果，強調的な事項から除かれていたものである。他方，「エ　課題を解決するために必要な思考力，判断力，表現力などを育むべきこと」は，新しく加えられた事項である。

　本稿は，ここで強調されている「ウ」と「エ」の2事項を中心に具体的な解説を行うことを趣旨としている。

❷　文化審議会答申における「国語力」の構造

　平成16年2月に文化審議会が答申した「これからの時代に求められる国語力について」（A4判42頁）は，平成10年度の学習指導要領の弱点の克服を目指した内容で，「国語力」について，上下二層の構造体として表現している。その構造体はA3の用紙一葉を用いて表しているが，そ

の前に略図も提示している。ここではその略図，すなわち，模式的に表した「これからの時代に求められる国語力の構造」図を紹介してみよう。

> ①考える力，想像する力，表す力から成る，言語を中心とした情報を処理・操作する領域
> ②考える力や，表す力などを支え，その基盤となる「国語の知識」や「教養・価値観・感性等」の領域

この模式的な図について，上掲の文献は次のように解説している。
　①は国語力の中核であり，言語を中心とした情報を「処理・操作する能力」としての「考える力」「感じる力」「想像する力」「表す力」の統合体として，とらえることができるものである。②は「①の諸能力」の基盤となる国語の知識等の領域である。この二つの領域は，相互に影響し合いながら，各人の国語力を構成しており，生涯にわたって発展していくものと考えられる。(同答申，7頁)
　これはどこの国でも同様であろうが，社会生活を円滑に営む上で必要とする「国語の常識」という考えがあって，国語教育はそうした国語の慣習的な知識を身に付けさせる教育であった。このことは江戸時代に数多く出版されている往来物などの学習からも知ることができる。例えば，季節を踏まえた手紙の書き方などの知識は生きていく上での大切な知識であった。
　ところが，現在の日本社会は，めまぐるしい展開を見せていて，例えば離れた人との文字による交信という問題を取り上げてみると，これまでの交信手段の進展が大きいために，仮にわずか5年後であるとしても予測がしにくい状況になっている。以前のようにゆるやかにしか変化しない社会生活を送ることができる状況であれば，季節を踏まえた手紙の

書き方を知ることが遠く離れた人とのコミュニケーション展開の上で大切であった。そこでも，手書きとパソコンによる印刷との優劣の問題が生じはしたが，現在は，インターネットを駆使したメールによる交信が増えてきている。そして，インターネット・メールにおけるマナーの確立が未成熟な段階で，携帯電話によるさらに手短さを旨とするケータイメールが使われ始めている。字数の少なさが費用の低減につながるということで，いかに手短に伝えるかに腐心することになり，マナーなどは二の次に置かれている。そこから，伝統的な時候のあいさつや相手への気遣いなどの表現などは本当にどこかに飛んでいってしまう。

　文化審議会の答申は，そこで，「考える力」や「表す力」など情報を処理・操作する能力の育成を強調している。これは，これまでの学習指導要領で言えば，かつては②の領域の育成に力を入れていたのに対して，特に現行の学習指導要領が，授業時数の削減の影響もあって①の領域の能力の育成に力を入れるようにしていた。そういう偏りに対して，文化審議会の答申は，②の領域の充実を考慮に入れつつも①の領域の能力の育成の重要性を強調的に指摘しているのである。

　文化審議会の答申は，成人の「国語力」の基準として，日々の新聞を読む行為を指摘している。新聞の購読は，まず，記事が読める能力を必要とし，次に毎日欠かさず読むという継続的な行動を意味している。日々読み続けることによって，一方で知識や情報の領域もまた次々に新しくなってくると同時に，記事等の提起する問題について思考をめぐらせることになる。そういう意味で，新聞の購読もまた，読書の一部として欠かすわけにはいかないのである。なお，読書の重要性は言うまでもないことで，特に成人の読書習慣は子どもに与える影響も考慮すべきである。すなわち，各人の国語力は生涯を通して築き上げるべきもので，それは読書によって可能になる。

❸ PISAの読解力の2種の調査

　OECDのPISAの読解力の調査は，2000年に始まり，以後，3年ごとに3回実施されている。これは，15歳の生徒に社会生活を送る上で必要とする読解力（Reading Literacyの訳語）がどの程度身に付いているかを調査するために設けられたもので，読解力は第1回と次回の2009年に重点が置かれる。

　日本の成績は，第1回が7位であったが，第2回の2003年は14位，第3回の2006年は15位に止まっている。日本の結果を見ると，全体としては国際的な水準を超えているが，その水準に及ばない低位層の生徒が少し増加している。つまり，二極化しているわけで，その低位層の対策が必要になっている。そこで，その内実を見ると，知識や情報を旨とする調査はかなりの成績を上げているが，資料を比較・考察して自らの考えを述べる問題が不得意であることが判明してきた。これが，本稿の題目「活用力と言葉の力」に関連してくる。

❹ 全国学力・学習状況調査

　平成19年4月に小学校第6学年，中学校第3学年の児童生徒の学力調査が実施された。こうした悉皆調査は長年実施してこなかった。これまでは，学習指導要領の改定にあわせて実施してきた教育課程実施状況調査がある。出題の意図等は両者に大きな違いがない。出題はA問題とB問題に分けられる。A問題は各自の習得している知識や技能の調査であり，B問題はそれらの知識や技能を駆使して自ら比較し，考えて解く問題である。この調査の結果，特にB問題でよくできる児童生徒と白紙答案などを初めとする児童生徒の二極に分離されることがわかってきた。問題は，自らが問題を見出して，その解決のために資料を吟味してより

よい判断を導くことができるようにすることである。この能力こそが本書で課題とする「活用力」の育成ということである。

❺ 活用力を育むための提案

　国語科は，必ずしも両立しにくい2つの目的を持つ教科である。その第一は国語科独自の目的で，例えば文学教材の読みで主題を考えたり人物の気持ちの動きを追い求めたりする学習である。この学習はこれまでもよく実践されている学習であるので，これ以上の言及をさけたい。

　もう1つの目的は，本稿の❷で紹介したように学校教育の基底としての能力の育成である。言葉によって問題を発掘し，その解明のために資料を収集し，それらを読み比べることによって取捨選択し，組み合わせたりして自らの考えをまとめ上げる，そして，その成果を発表し，質問を受けたり，残された問題点を明らかにしたりするという一連の問題検討過程の枠組みを設けることである。必要な資料を集めるためには，文章を読む上で必要な漢字や語彙の力を増強させるというまことに地味な，しかし，国語科でなければできない学習もある。社会科には難解な漢字で表記された固有名詞が数多く出てくる。それらを漢字辞典などで引くための能力は国語科で育成しておく必要があるわけである。

　本書の主題とする「活用力」は，結局，上記の国語科でその枠組みを設けるべき問題検討過程の枠組みを一人一人に育てることであろう。この育成のためには，他方，国語科における集団指導と個別指導の関係を押さえる必要がありそうである。つまり，学級構成員の一人一人の主体性を保証する学習の確立が求められるということである。

　以上，国語科で育成すべき「活用力」の問題について，なぜ必要かの前提についていくつかの見地から指摘してきた。この具体策が学習指導要領の国語科で的確に提示されているということである。

7
「活用力」をどう評価するか

国立教育政策研究所初等中等教育研究部研究員●山森光陽

　「知識・技能を活用して課題を解決するために必要な思考力・判断力・表現力等」を育成することが目標とされる教育活動の一環として「活用」の評価を行うにあたっては，「教育評価とは，教育活動に関わる意志決定の資料として，教育活動に参与する諸部分の状態，機能，所産などに関する情報を収集し，整理し，提供する過程である」（東，2001）という考え方がこれまで以上に重要な意味を持つ。

　「課題を解決するため」に「知識・技能を活用」する場合，ある単一の知識や技能だけを用いるというわけにいかない。さらに，「思考力・判断力・表現力等」を育むためには，これらの複合的な力を子どもに使わせることもまた必要である。したがって，「活用」の評価を行うにあたっては，従来行われてきた評価以上に「諸部分の状態，機能，所産などに関する情報を収集」しなければならないと言えよう。

　本節では，問題解決過程の特質を検討した上で，どのように「活用」を織り込んだ評価を行うべきかを論じたい。

❶ 問題解決過程と活用：どんなときに「活用」が起こるのか

　すでに本章第3節において「活用力のメカニズム」について詳述されたところではあるが，「活用」の評価のありかたを検討するにあたって，どんなときに「活用」が起こるのかを検討することは有益であろう。教授学習過程研究の文脈においては，学習とはどのような営みであるかを説明するために様々なモデルが提案されている。そのうちの1つである，図1に示した"IDEAL"という5つの段階からなるモデル（Bransford &

Stein, 1984) をもとに，問題解決過程の特質を検討してみたい。

このモデルにおいては，問題解決過程は「問題の特定」に始まり「振り返りと評価」で終わり，その間に「可能な方略の探索」と，それらの実施がなされるとしている。これを単元や授業に置き換えるならば，目標を設定した上で，それらを達成するために必要な自分の持ち合わせている知識，利用できる資源（同級生，教師，教材，図書，掲示物なども含まれよう）を決定した上で，実際にそれらを柔軟に組み合わせて用いながら学習に取り組み，ねらいやめあてに対してどの程度到達したかを評価するという一連の流れであると言えよう。

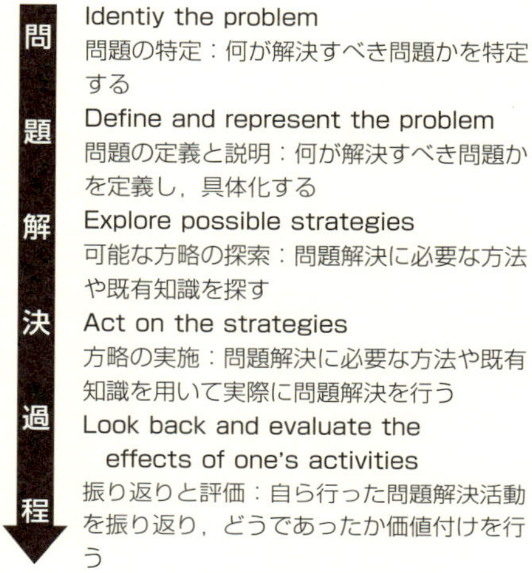

問題解決過程　→

Identiy the problem
問題の特定：何が解決すべき問題かを特定する
Define and represent the problem
問題の定義と説明：何が解決すべき問題かを定義し，具体化する
Explore possible strategies
可能な方略の探索：問題解決に必要な方法や既有知識を探す
Act on the strategies
方略の実施：問題解決に必要な方法や既有知識を用いて実際に問題解決を行う
Look back and evaluate the effects of one's activities
振り返りと評価：自ら行った問題解決活動を振り返り，どうであったか価値付けを行う

図1　問題解決過程 "IDEAL"
Bransford & Stein（1984）を参考に作図

このように，設定した目標の達成に向かう一連の流れの中で「活用」が起こると考えられるため，「活用」を評価しようとする際には，「活用」そのものを切り出して評価しようとするのではなく，目標の達成に向けて子どもがどのような過程を経たのかを評価するようにしたい。「活用」そのものが評価の対象になってしまうと，何のための「活用」かがわからなくなり，悪い意味での「活用中心主義」に陥りかねない。

その上で，図2に示したように，実際の「活用」の評価には2つの場合が考えられよう。すなわち，「活用」の過程を評価する場合と，「活用」の結果を評価する場合である。以下，それぞれの場合において，どのように評価を行えばよいかを提案したい。

第1章 活用力とは何か

活用の	表出	評価機会は	評価資料は	評価基準は
過程の評価	パフォーマンスとして現れる	目標の達成に至る問題解決過程において	問題解決過程における観察や資料の組合せ	目標の達成に至る過程の質でレベル分け
結果の評価		問題解決が終了したとみられる時点	単元終了時の作品やテストなどある1つの資料	目標に対する実現状況でレベル分け

図2 活用の「過程」の評価と「結果」の評価

❷ 「活用」過程の評価と「活用」結果の評価

　目標の達成に至る問題解決過程においてなされる「活用」の様相を，単元などのまとまりといった比較的長期間の営みの中で評価する際には，子どもの学習過程における観察の結果や収集された資料を組み合わせながら評価を行う必要がある。子どもの学習到達の成果およびそこに到達するまでの過程がわかるような資料・情報を目的的・計画的に集積したものをポートフォリオというが（高浦，2004），「活用」過程の評価を行うには，ポートフォリオ評価が有効な手段の1つであると言えよう。一方，「活用」の結果を評価する際には，テストやワークシート，作品などを資料として，単元や授業の目標をどの程度達成したのかを，「活用」の様相を織り込んで評価することが求められる。

　「活用」の結果を評価することを目的としたテストと，従来のテストとの違いを端的に示すと図3のように表現できよう。従来型のテストに解答する際には，既有知識や問題解決方略，また資料などの資源の利用が不要であるというわけではない。しかし，従来型のテストと異なり，「活用」結果の評価を目的としたテストは，どのような既有知識や問題解決方略，また資料などの資源を援用することで解答に至るかを

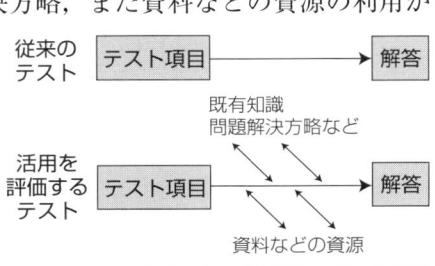

図3 テストを用いた，「活用」の結果の評価

あらかじめ明示的に想定していることに違いがある。すなわち、解答に至るまでの「活用」の状況を想定しているからこそ「活用」の評価が可能となる。

解答に至るまでの「活用」の状況を想定したテストを作成する上で、PISA調査の問題の作られ方を理解することは大いに役立つ。例えば、2006年のPISA調査における科学的リテラシーの問題は、ユニット（大問）ごとに、解答に必要な能力や知識、態度などが表1のような一覧として整理されている。各学校においても、このような一覧表を作りながら問題を作成する取り組みを行うことで、より適切に「活用」の様相を織り込んだ評価が可能となるテストを作成することができよう。さらに、PISA調査における実際の採点は表2に示したような採点基準に沿って行われている。このような採点基準を用いることによって、作文や作品など、一義的に正誤が定まらないような問題に対する回答を適切に評価することが可能となる。端的に言うと、「活用」を評価するテストを実施するにあたっては、具体的にどのような「活用」の様相を捉えるのかを明示した設計図と、採点基準としてのルーブリックが必要であると言え

表1　2006年PISA調査における科学的リテラシー問題の特質一覧表
（国立教育政策研究所(2007)を一部改変）

ユニットの名称	小問番号	能力	知識カテゴリー		適用領域	態度	出題形式
			科学の知識	科学についての知識			
グランドキャニオン	問1	科学的な疑問を認識すること	—	科学的探究	環境	—	複合的選択肢形式
	問2	現象を科学的に説明すること	地球と宇宙のシステム	—	環境	—	選択肢形式
	問3	現象を科学的に説明すること	地球と宇宙のシステム	—	天然資源	—	選択肢形式
	問4	—	—	—	—	科学的探究の支持	尺度

表2　2006年PISA調査における科学的リテラシー問題（温室効果に関する問2）の採点基準の例
（国立教育政策研究所(2007)を一部改変）

カテゴリ	回答
完全回答（2点）	・グラフの特定の部分で両者が同時に増えたり同時に減ったりしてはいないことを指摘し，それに照応する説明をしている。 　　−（およそ）1900〜1910年には，CO_2は増加しているが気温は低下している。 　　−1980〜1983年には，二酸化炭素は減少したが気温は上昇した。 （以下，略）
部分回答（1点）	・言及している時期は正しいが，説明を行っていない。 　　−1930〜1933年 　　−1910年以前 ・基準を満たす説明がなされているが，特定年度（期間ではない）のみに言及している。 　　−1980年に排出量は減少したが温度はまだ上昇していた。 （以下，略）
誤答／無答（0点）	・片方の曲線の不規則性を述べているが，特に2つのグラフについては述べていない。 　　−多少，上り下りしている。 　　−1930年には下がった。 （中略） ・その他の答え 　　−1940年頃には平均気温は上昇したが，二酸化炭素排出量は増加しなかった。 　　−1910年頃，気温は上昇したが，排出量は増加しなかった。 ・無答

よう。

　ルーブリックは，日頃の教育活動で用いられるワークシートや絵画などの作品を評価するためにも必要である。表3は，算数のワークシートを評価するために作成されたルーブリックの例である。採点基準を単に文章だけで表現するのではなく，この表に示したように，実際の作品例などをあわせて提示しておくと，具体的にどのような作品や成果が，どのレベルに相当するのかが理解しやすくなると考えられる。

❸　「活用力」を育てる評価

　本節では「活用」をどう評価するか，問題解決過程の特質の検討を踏まえ，実際の例をもとに検討した。「活用」をより適切に捉えようとする評価を実際に行うことは，その評価対象となる子どもにとっても，「活用」をよりよく行いながら問題解決を行う1つの機会となり得る。さらに言えば，テスト形式が学習方略の使用に影響を与えうること（村山，

表3　小2算数(単元:2年生の「かくれた数はいくつ」)のワークシートを評価するためのルーブリックの例
　　　　（香川大学附属小学校　高尾明博教諭作成のものを一部改変）

評価規準	逆思考を必要とする問題について，数量の関係を絵図をもとに考えることができる。（思考）		
	A（十分満足）	B（おおむね満足）	C（努力を要する）
評価基準	・問題場面を正確に絵に描いている。 ・最初の人数を求めるためには，帰った子どもをもどすということをイメージしている。 ・立式も正確である。	・問題場面を正確に絵に描いている。 ・最初の人数を求めるためには，たし算をするということを理解している。 ・場面に合わせた立式ではない。	・問題場面の把握が不十分である。 ・絵にあらわしていない。絵がかけていた場合で問題場面とはちがう絵になっている。 ・立式がひき算になっている。
評価資料の例	（絵と式 8+6=14　こたえ:14人）	（絵と式 (しろ)6+8=14　こたえ:14人）	（絵）描いていない。 （式） 8 － 6 ＝ 2 などと書いている。

2004）を考慮すると，「活用」を評価するためのテストを行うことは，子どもの「活用力」を育てることにつながり得るとも言えよう。

　今後「活用」をより重視した教育活動が展開されることが見込まれるが，目標の達成に向けた問題解決過程の中で「活用」がなされることを理解しておく必要があろう。その上で，「活用中心主義」に陥ることのないよう，「活用」の評価を行うにあたっては「活用」だけを切り出して捉えようとするのではなく，目標の達成に向けて子どもがどのような「活用」をしたのかを評価するように心がけたい。

参考文献

東　洋　2001　『子どもの能力と教育評価　第2版』　東京大学出版会
国立教育政策研究所（編）　2007　『生きるための知識と技能3：OECD生徒の学習到達度調査（PISA）2006年調査国際結果報告書』　ぎょうせい
高浦勝義　2004　『絶対評価とルーブリックの理論と実際』　黎明書房
村山　航　2004　「テスト形式の違いによる学習方略と有効性の認知の変容」『心理学研究』75，262-268
Bransford, J. D. and Stein, B. S. 1984 *The IDEAL problem solver: A guide for improving thinking, learning, and creativity.* New York: Freeman.

第 2 章

活用力を育てる授業づくりの考え方

1 国語科における活用型授業づくりの考え方
―言語活動によって活用力を育てる―

兵庫教育大学大学院学校教育研究科教授●堀江祐爾

❶ 言語活動こそが「活用型学習活動」である

「習得型」とは，基礎となる知識や技能を教わったり，繰り返し練習したりして身に付ける学習のことである。これに対して「探求型」とは，「総合的な学習の時間」が代表する，実際的な問題解決のために，学んだことを使う学習のこと。この間にあるのが「活用型」の学習活動である。

「習得型―活用型―探求型」学習活動が，それぞれ独立したものではなく，次の図のように，入れ子関係にあり，連動し合っていることに留意したい。各教科において行うべきことは，太線によって示した「習得型学習活動」と「活用型学習活動」の連動性を高めることである。

では，国語科における「活用型学習活動」とはどのようなものであろうか。

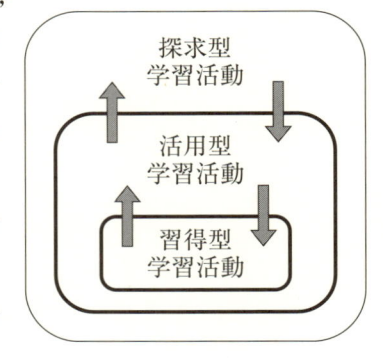

国語科の新しい学習指導要領においては，現行の「A話すこと・聞くこと」，「B書くこと」及び「C読むこと」からなる領域構成は維持された。その一方，現行の〔言語事項〕の内容のうち各領域の内容に関連の深いものについては，実際の言語活動において一層有機的にはたらくよう，それぞれの領域の内容に位置付けることになった（〔言語事項〕のかわりに〔伝統的な言語文化と国語の特質に関する事項〕が設けられた）。

「A話すこと・聞くこと」，「B書くこと」及び「C読むこと」の領域に

ついては，これまで「3内容の取扱い」に置かれていた言語活動が，「2内容」に示される各領域の指導事項のすぐ後に置かれることになった。このような配置に変わったのは，指導事項が示すことがらが身に付いているかどうかについて言語活動を通して確認するという「相互補完性」を強めるためである。

　〔言語事項〕に属していた指導事項を取り込んだ新しい指導事項がどちらかといえば「習得型学力」を求めるものであるのに対して，言語活動は「活用型学力」を求めるものということができよう。つまり，言語活動こそが「活用型学習活動」の例なのである。

❷　指導事項では習得型学習活動の面が強められている

　学習指導要領の具体的項目を挙げて考察を試みよう。小学校低学年「A話すこと・聞くこと」の指導事項は次のようになっている。なお，[　]内は，変更内容についての筆者による注釈である。

　(1)　話すこと・聞くことの能力を育てるため，次の事項について指導する。
　ア　身近な事や経験した事などから話題を決め，必要な事柄を思い出すこと。[新設された指導項目である。]
　イ　相手に応じて，話す事柄を順序立て，丁寧な言葉と普通の言葉との違いに気を付けて話すこと。
　　　[前学習指導要領の「ア知らせたい事を選び，事柄の順序を考えながら，相手に分かるように話すこと。」の一部を含み，〔言語事項〕の「オ言葉遣いに関する事項」の「(ア) 丁寧な言葉と普通の言葉との違いに気を付けて話し，また，敬体で書かれた文章に慣れること。」も含まれている。このような形で「習得型学習活動」が強化されている。]
　ウ　姿勢や口形，声の大きさや速さなどに注意して，はっきりした発音で話すこと。
　　　[〔言語事項〕の「ア発音・発声に関する事項」の「(ア)　姿勢，口形などに注意して，はっきりした発音で話すこと。」を含んだものとな

51

っている。また，第3学年及び第4学年の「ア発音・発声に関する事項」の「(ア) その場の状況や目的に応じた適切な音量や速さで話すこと。」も含んでいる。このように，やはり「習得的学習活動」の面が強化されている。]
エ　大事な事を落とさないようにしながら，興味をもって聞くこと。
　　　[継続された指導項目である。]
オ　互いの話を集中して聞き，話題に沿って話し合うこと。
　　　[前学習指導要領では「ウ身近な事柄について，話題に沿って，話し合うこと。」であったが，「互いの話を集中して聞き」と，聞くことの側面が強められている。]

❸ 言語活動では活用型学習活動の面が強められている

　小学校低学年「A 話すこと・聞くこと」には，「(1) に示す事項については，例えば，次のような言語活動を通して指導するものとする。」と記され，言語活動が示されている。
ア　事物の説明や経験の報告をしたり，それらを聞いて感想を述べたりすること。[新設された指導項目である。]
イ　尋ねたり応答したり，グループで話し合って考えを一つにまとめたりすること。
　　　[前学習指導要領における言語活動は，「尋ねたり応答したりすること」であった。より活用型学習活動になるように「グループで話し合って考えを一つにまとめたりすること。」が加えられている。]
ウ　場面に合わせてあいさつをしたり，必要な事について身近な人と連絡をし合ったりすること。[新設された指導項目である。]
エ　知らせたい事などについて身近な人に紹介したり，それを聞いたりすること。
　　　[前学習指導要領においても，「紹介」活動はあったが，それは次のようなものであった。「読んだ本の中で興味をもったところなどを紹介すること」。ここも活用型学習活動になるように書き換えられている。]
　活用型学習においては，このような言語活動を通して指導事項について指導し，身に付いたかどうかを確認していかねばならない。

❹ 「活用型」を内包した「習得型」学習活動を

　授業づくりの具体例を示そう。三木惠子教諭（兵庫県たつの市立神岡小学校）は，「漢字練習」学習活動という「習得型」学習活動を行う際においても，常に「活用型」学習活動を内包した学習活動を行わせる。例えば，1年生で教材「たぬきの糸車」における新出漢字である「糸」を学ばせる際に，「書き順」「ことば（熟語）」など，覚えることに重点を置いた学習活動，すなわち「習得型」学習活動もきちんと行わせるが，それだけでは終わらない。「わたしはけ糸であみものをしたよ」といったように，「糸」を使って主語・述語のそろった安定した文を生み出すという「活用型」学習活動まできちんと行わせる。三木教諭は，どの学年でもこうした「活用型」学習活動を内包した漢字練習「習得型」学習活動を行っている。

　また次の例は，4年生が作成した，宮澤賢治の「どんぐりと山ねこ」についての「本の紹介カード」である。まず，作者名，書名，出版社などの情報を書き込むという「習得型学習活動」がしっかりできるように指導する。そして，「一郎が山ねこから手紙をもらって，山ねこに会いに行くお話。（どんな話であるか）」「あんなさんが持ってきて，先生が読んだから。（本との出会い）」「どんぐりのいいあらそいがくりかえしてあるとこ

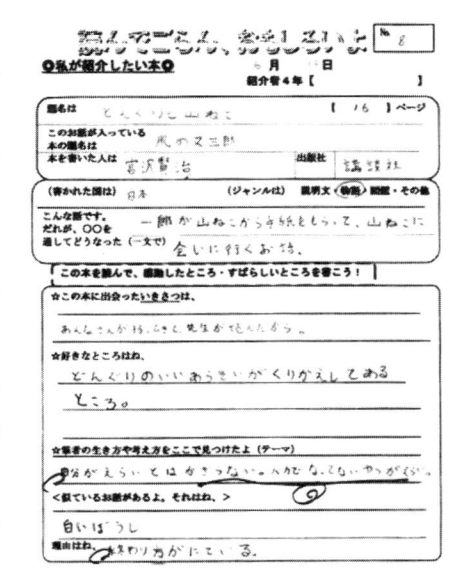

ろ。（好きなところ）」「自分がえらいとはかぎらない。なっていないやつがえらい。（テーマ）」「白いぼうし（似ているお話）」「終わり方がにている。（その理由）」ということがらを書かせていく。

「本の紹介カード作り」は、「習得型学習活動」から「活用型学習活動」へとつなぐ学習活動ということができよう。

❺ 「習得型学習活動」の成果を蓄積して「活用型学習活動」へとつなぐ

三木惠子教諭は、「本の紹介カード作り」などの読むことの学習活動の中で、4年生の子どもたちとともに見つけた「読むためのコツ」を、下のような形で蓄積している。この「読むためのコツ」は年間を通じて改訂されていく。

これは、第3学年及び第4学年における「C 読むこと」領域の「ウ 場面の移り変わりに注意しながら、登場人物の性格や気持ちの変化、情景などについて、叙述を基に想像して読むこと。」「オ 文章を読んで考えた事を発表し合い、一人一人の感じ方について違いのあることに気付くこと。」「カ 目的に応じて、いろいろな本や文章を選んで読むこと。」に関する学習成果ということができよう。

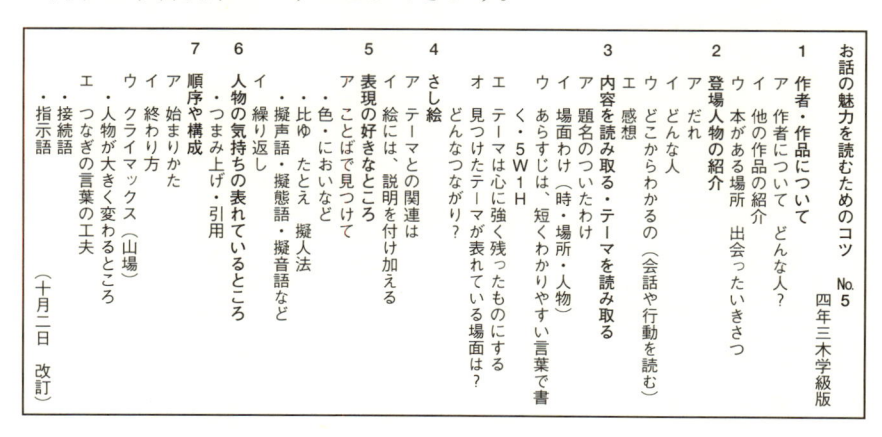

お話の魅力を読むためのコツ　No.5　四年三木学級版

1　作者・作品について
　ア　作者について　どんな人?
　イ　他の作品の紹介
　ウ　本がある場所　出会ったいきさつ

2　登場人物の紹介
　ア　だれ
　イ　どんな人
　ウ　どこからわかるか（会話や行動を読む）

3　感想
　ア　内容を読み取る・テーマを読み取る
　イ　題名のついたわけ
　ウ　あらすじは、短くわかりやすい言葉で書く・5W1H
　エ　場面わけ（時・場所・人物）
　オ　テーマは心に強く残ったものにする
　　　見つけたテーマが表れている場面はどんなつながり?

4　さし絵
　ア　テーマとの関連は、説明を付け加え
　イ　絵には、表現の好きなところ

5　ことばで見つけて
　ア　色・においなど
　イ　たとえ　擬人法
　　　比ゆ
　　　繰り返し・擬声語・擬態語・擬音語など

6　人物の気持ちの表れているところ
　ア　クライマックス（山場）
　イ　始まりかた
　　　終わり方

7　順序や構成
　ア　つなぎの言葉の工夫
　　　・接続語
　　　・指示語
　エ　人物が大きく変わるところ

（十月二日　改訂）

❻ 言語活動例によって身に付けたことを確認する

　三木実践においては、「C 読むこと」領域の言語活動である「エ　紹介したい本を取り上げて説明すること。」を、下のような例が示す「本の紹介（簡易ブックトーク）学習活動」という形で実現している。

　先に示した指導事項に示された「習得型」の学力が本当に身に付いたかどうかを、「活用型」学習活動である言語活動において自己評価及び他者評価の形で確認しているところに注目したい。

　指導項目が示す身に付けさせるべき「習得型学力」の定着の具合を、「活用型学習活動」である言語活動によって確認していく。必要に応じて「習得型」の力を強化する学習活動に戻る。このように「相互補完関係」にある指導事項と言語活動を関係づけることにより、言葉の力を確実に身に付けさせることが求められているのである。

使った「読むためのコツ」を○で囲み、矢印で結んでいる。【自己評価】

①②③の数字は、友達からの「ベスト３カード」に載せられた良いところを示す。【他者評価】

2 社会科における活用型授業づくりの考え方

東北福祉大学子ども科学部教授●有田和正 ……………………………

❶ 何を活用するのか

 「活用」ということがひとり歩きしている。「何を活用するのか」ということを考えていない。
 「審議のまとめ」によれば、「知識・技能の活用など思考力・判断力・表現力等に課題がある」という。「何を活用するのか」といえば、「知識・技能」の活用だというのである。
 活用する「知識・技能」を習得しなければならない。知識・技能の習得をして、その次の段階に「活用」があるようにみられているが、これはおかしい。習得した知識・技能を「活用」することによって、「知識・技能」が確かなものになっていくのである。
 以前の学習で習得した知識・技能を活用することが多い。「授業は布石の連続」だからである。
 「活用→探究」という区切りがあるのではない。両者は同時に行われることが多く、いまは活用で、これから探究するという区別はしにくい。学習活動は、連続的に発展していくものだからである。
 つまり、「活用型の授業」をつくるには、常に「次の学習にどう発展させるか」ということを考えていなくてはならない。
 教育課程をしっかり作成しておくことだ。それでも、子どもが本気になって活用し、探究し始めたら、教育課程もかなりくるってくる。
 練りに練って作り上げた2時間分の指導案を、1時間で子どもが学習してしまい、あわてたこともある。

3年間じっくりみてきた子どもなのに、3年目にその追究力（探究力を私はこう呼んでいる）を見誤ったのである。
　子どもは、予想外に伸びたり、伸びていると予想していたのに足踏みしていたりするものだ。だから、このことを考えて柔軟な計画を立てなければならない。
　要するに、活用するのは「知識・技能」であるということである。

❷　活用・探究するということ

　「活用・探究する」ということは、言い換えれば、習得した知識・技能を「応用・発展」させることである。
　「応用できる」ということは、基礎学力がついていると言える。基礎とは、応用できることで、応用できないものは基礎とは言えない。
　教師が、「子どもに知識・技能を身に付けさせた」といっても、子どもが知識・技能を使って（活用して）「新しい知識や技能」を習得しようとしなければ、「身に付けた」とは言えない。
　小学1年生の子どもに、大寒の頃、「春さがし」をさせた。「こんな寒いときに春があるわけない」と言っていた子どもたちが、学校の庭で動き回っているとき（体験活動である）、ねこやなぎの芽がふくらんでいるのを発見し、感動した。
　これに触発された子どもたちは、梅の芽もふくらんで、いまにも咲きそうになっていることを発見した。桜も結構ふくらんでいた。
　「春は、もうそこまで来ているのだ！」とわかってきた。
　この子どもたちは、帰りの電車の中で「梅が満開になっている写真」を見つけたり、家に帰ったら、「菜の花」を飾ってあるのを見つけたりし、そのことを「はてな？帳」に書いてきた。
　文章に表現してきたからこそ、子どもたちが、学校で習得した「春の

見つけ方」の知識・技能を，下校途中や家に帰ってから「活用」し，「探究」したことがわかったのである。

「活用する」「探究する」ということは，思考・判断し，表現することでもある。「菜の花」が春の花ということがわからなければ驚くことはないし，それを書くこともない。

ある子は，わざわざ花屋へ見に行ったという。そうしたら，「春の花」がたくさんあるのでびっくりしたという。この子も，春の花にどんなものがあるかという知識を習得している。だから，それを活用して，新しい知識を習得しようとしているのである。

「活用型」の授業をつくるには，子どもに体験活動などを通して，「あれ？」と思わせ，基礎的な知識・技能を体得させることである。

そうすれば，子どもは新しい「はてな？」を発見して，自ら追究するようになる。そして，追究したことを表現するようになる。

つまり，「活用・探究」したことの証しは「表現」なのである。

❸ 活用型授業づくり

活用型授業づくりのポイントは，

子どもが追究したくなる「はてな？」をもたせる

ということである。

「はてな？」は，知識・技能がなければ発見できない。そして，「知的好奇心」をもたせる導入をしなければ，「はてな？」をもたせることは不可能である。

まったく予備知識をもたないことには，興味を持てない。私自身のことを考えてもそうである。子どもはなおさらのことである。

まったく知らないことでも，おもしろく導入すれば，柔軟な子どもた

ちは興味を持ち,身を乗り出してくる。そこにゆさぶりをかける。

「これ,見たことあるかな?」と言いながら物を見せる。あるいは,ブラックボックスの中に手を突っ込ませて,何かを考えさせる。子どもがのってくること間違いない。

少し具体的に述べてみよう。

(1) 「遠足」で導入

小学3年生に実験的に行った授業である。

秋の遠足に,三浦半島へ「みかん狩り」に出かけた。この遠足が,「みかん学習」への導入である。

「みかん狩り」して,お土産をリュックに入れると,みかん園を見回している子どもが何人かいる。

「向こうに,海が見えるぞ!」と叫んでいる子どももいる。この声で,みんな指をさした方向を見ている。そして,「きれいな海だ!」と言っている。

みかん畑の回りに,防風林がとり囲んでいることに気づいた子どももいる。畑が斜面になっているので,すべって楽しんでいる子どももいる。畑の上の方へ行くと,下の方にもみかん畑があることが見える。

みかんを腹いっぱい食べて,あとは遊びに夢中になっている。私は,みかん畑をパチリ,パチリと写真に撮り,子どもが遊んでいる様子も撮った。

その後,みかん畑から見えた海へ行ってみた。さすがに,海に入る子どもはいなかった。

(2) 「みかん学習」へ切り込む

翌日,「みかん狩り,どうだった? おもしろかったですか?」と問うと,みんな「おもしろかった。でも,みかんがちょっとすっぱかった」という。それから,斜面で滑って遊んだのがおもしろかったなどと,話

が止まらない。

ひと段落したところで,「ところで,みかん畑はどうなっていましたか？」と問う。

・畑がななめになっていた
・畑の周りに,風よけの木がびっしりあった
・畑の中は,暖かかった
・畑から海が見えた　など

子どもたちは,こんなことを言いながら,「あれっ？」という顔をしだした。そして,「みかんの勉強をするの？」と問う。

「おもしろかったなら,やってみようかな？」と言うと,「やろう,やろう！」と言い出した。「そんなに言うなら,やろうか？」と言う。ここで時間になる。

(3)　動き出した子ども

その翌日,一人の子が,「みかんのとれる県」という地図を描いてきた。これは驚きであった。

県名がどうしてわかったのか。地図帳も持っていないのに。それは,このことを予定して県名の学習をしていたのである。3年の10月なのに,全員,県名を書けるようになっていた。

地図を描いてきた子に,どんな所でみかんが作られているか発表させた。「日本の南というか,西の方というか,そんなところに作られています」といった。

「その証拠は？」と質問が出る。「本で調べたので,本が証拠です」と,本を見せた。「本当にその県でとれるという証拠がほしいなあ」というと,「どうしたらわかるか」と考え出した。

なかなか出ないので,準備しておいた「みかん箱」のレッテルが見えるところだけ切り抜いたものを提示しながら,「例えば,こんなものはど

うかな？」といった。

「そうか！」「そうだ、そうだ！」「おもしろそう！」と言った。興味をもったようだった。

翌日、早くも何枚ものレッテルを持ってきた。それをほめた。そして、「どこからもらってきたの？」と問うと、「八百屋さん」「果物屋さん」と言い、中には、「市場」と言う子もいた。

「みかんは、いろんなところにあるんだね」と言うと、「あるんじゃなくて、売っているの！」と語気を強めた。

授業では、大きな白地図に、レッテルの集まった県へ記入し、着色した。

（4） みかん作りの条件

「みかんは、暖かい所に作られているというが、本当か？」と問う。これで、「みかん作りの条件調べ」に火がついた。

・斜面になっているところ
・防風林が周りにあったので、風が弱いところ
・海が見えるところ、海の近く

これが三浦半島の条件だという。本で調べるため、図書室へ行った。

三浦半島は神奈川県なので、神奈川県のみかんの本を探している。ないのであちこち探し回っている。

このとき、一人の子どもが、愛媛県と和歌山県のみかんの本を取り出して調べている。私は驚いて、「いま、神奈川県の三浦半島のみかん作りの条件を調べているんだよ」と言うと、驚くべきことを言った。

「神奈川県の本がないので、愛媛県と和歌山県の本を調べています。だって、みかん作りの条件は、どこでも同じでしょ！」と。

みんなを集めて、このことを話した。みんな調べ方に驚き、「こんな調べ方もあるのだ」と言いながら、調べ方を変えた。

一人の調べ方が，クラスみんなの調べ方を変え，いろんな調べ方があることに気づいた。これこそ「活用」の見本ではないだろうか。
　これから後，驚くべき調べ方をし始めた。
①みかんのとれる県の県庁や農協へ電話
②みかん農家を探し出し（果物店の人に聞いた），電話
③農林水産省へ電話，聞きに行く
④市場へ行って尋ねる
⑤果物店，八百屋の人に尋ねる
　3年生でも，こんな方法を考える。もちろん，保護者の協力も見逃せない。
　小田原のみかん園へ行き，実のついた枝を分けてもらい，学校に持ってきた。「みんなで食べて」ということだった。私は，実をとり，「みかんの実1つを作るには，何枚の葉が必要か？」と，とっさに発問した。
　葉をとって，「葉の数÷実の数」を計算すると23枚だった。これは驚きであった。子どもたちは，各地の農家や農協に尋ね，「23～30枚くらい」ということを確かめた。

（5）まとめ

　活用型授業は，具体的な体験から導入したり，活用場面にも体験活動を取り入れると有効なことがわかってきた。
　間口が狭く，奥行きの深い教材を開発することで，習得した知識や技能をどこまでも活用することができる。「みかん」のような教材を開発することが活用型授業づくりのポイントである。
　忘れてはならないことは，教材に興味・関心をもたせ，子どもが「追究したくなる・追究しないではおれない問題（課題）をもたせる」ということである。「切実な問題（課題）」をもたせれば，子どもは調べ方を工夫して追究し，表現まで発展させる。

3
算数・数学科で育てる活用する力

筑波大学大学院人間総合科学研究科准教授●清水静海

　活用する力の育成については，算数・数学教育において一貫してその重要性が指摘され続けてきたことである。しかし，その願いは実現されてきているとは言えない。OECD生徒の学習到達度調査（PISA）の結果（H.15）により，この改善に本気で取り組まざるを得ない状況が生まれた。併せて，教育課程実施状況調査（H.15）や特定の課題に関する調査（H.17）などの結果も「活用」に関する具体的な課題や改善の方向を指摘している。

　こうした動向の中で，中央教育審議会答申（H.17.10）において「基礎的な知識・技能の育成（いわゆる習得型の教育）と，自ら学び自ら考える力の育成（いわゆる探究型の教育）とは，対立的あるいは二者択一的にとらえるべきものではなく，この両方を総合的に育成することが必要である。」とされ，「習得と探究との間に，知識・技能を活用するという過程を位置付け重視していくこと」とし，習得型の教育と探究型の教育を繋ぎ合わせる重要な鍵概念として「活用」が位置付けられた。このことは，学校教育法（第30条第2項［小学校］，第49条［中学校］）に反映された。

❶　学習指導要領での「活用すること」の位置付け

　学校教育法の条文を受け，今年3月に告示された小・中学校の学習指導要領第1章総則の冒頭において，「基礎的・基本的な知識及び技能を確実に習得させ，これらを活用して課題を解決するために必要な思考力，判断力，表現力その他の能力をはぐくむ」として，「活用すること」が明確に位置付けられた。

このことは，小学校算数科と中学校数学科の教科目標にも反映されている。前者では「進んで生活や学習に活用しようとする態度を育てる」と，後者では「活用して考えたり判断したりしようとする態度を育てる」と改訂されている。ここで，特に大切なことは「生活や学習に活用し」たり「活用して考えたり判断したり」するとして，「活用」は生活や学習の場面で生起するさまざまな課題を解決する文脈，すなわち考えたり判断したりする文脈で発動されることを明確にしていることである。

　さらに，指導内容の改善でも算数的・数学的活動が各学年の内容に位置付けられたことに反映されている。例えば，中学校数学科では主要な数学的活動を次のように例示している。

数学的活動	第1学年	第2・3学年
数学を生み出す活動	既習の数学を基にして，数や図形の性質などを<u>見出す</u>活動	左下線部「<u>見出し，発展させる</u>」
数学を利用する活動	<u>日常生活</u>で，数学を利用する活動	左下線部「<u>日常生活や社会</u>」
数学的に伝え合う活動	数学的な表現を用いて，自分なりに説明し伝え合う活動	左下線部「<u>根拠を明らかにし筋道立てて</u>」

　このような文脈で，習得した算数・数学，すなわち，知識・技能だけでなく，数学的な見方や考え方，数学的な態度なども含めて活用することになる。

　また，総則では「活用して課題を解決するために必要な思考力，判断

力,表現力その他の能力をはぐくむ」とされ,「活用」には「思考力,判断力,表現力その他の能力」が必要であるとされている。

例えば,算数的・数学的活動の過程では,筋道を立てて説明することが必要になる。その際に,帰納的に推論したり演繹的に推論したりすることが重要な役割をする。実際にこれらの推論を役立てるためには,まず,それらがどのような推論であるか,それらがどのような場面で使われるのかについても知る必要がある。それらは,実際に課題を解決する場面で,状況に応じ適切に選択され,遂行される。このため,さらに,帰納的な推論では順序よく整理して調べたり,きまりをみつけやすく表現を工夫したりする方法,また,演繹的な推論では証明や説明を構想したり構成したりする方法を知ることも必要になる。

❷ 子どもたちに「活用する力」を確かにはぐくむために

ここでは,知識の活性化と方法知の習得の観点から,活用する力を確かにはぐくむための学習指導の改善ついて述べる。

(1) 知識の活性化

国立教育政策研究所が実施した特定の課題に関する調査において,第5学年で部屋の壁面を長方形と見て,その性質を用いて判断する問題が出されている(次頁参照)。小問(1)で,正答率49.7%(③),①,②,④を選択している子どもは,それぞれ23.2%,5.6%,10.3%であり,望ましい状況とは言えない。

子どもたちの学びに的確に応じ,学力を確かにはぐくむためには,「学び」におけるいくつかの水準と言えるものに配慮する必要がある。「長方形」を例に見てみよう。用語「長方形」にかかわる第一の水準は,用語に出会い,その意味を知ることである。この出会いは,他から与えられ

たり提示されたりすることによる出会いである。出会いには，自らの探究により創り出したり見つけ出したりすることによる出会いもある。これは，質的には最上級の出会いであり，「学び」の第五の水準に当たる。

　第一の水準の出会いについては，「長方形」の定義や性質に基づいて「長方形」をつくったりかいたりできるところにまで高める必要がある。これが第二の水準である。さらに，「長方形」を用いて身の回りのものの形をとらえて処理したり判断したりできるなど活用できるところにまで高める必要がある。これが第三の水準である。さらに，ものの形をとらえたり調べたりする際に「長方形」が役に立ち必要であることに気付き，自ら「図形」を生み出そうとする意欲へと導くことである。これが第四の水準であり，さらに第五の水準へと高まる。これらの水準は「学びの豊かさ」の指標とも言えるものである。したがって，学習指導では，子どもたちの「学び」を第五の水準の「学び」にまで高めることを視野に入れて，子ども一人一人の学びの水準を的確につかみ適切に対応することが大切になる。知識を自在に活用できるようにするためには，少なくとも第三水準にま

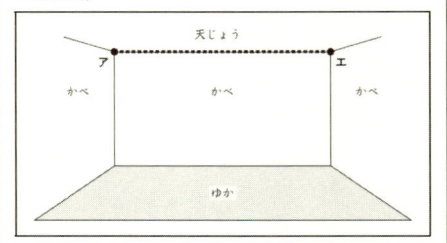

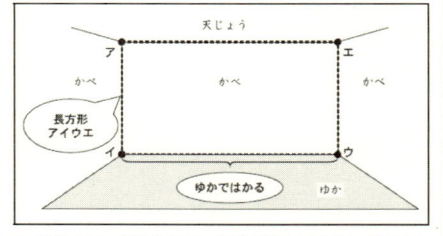

で高めておく必要があろう。

(2) 方法知の習得

　知識は事実知（定義や性質などについての知識）に限定されることなく方法知（定義や性質などの用い方についての知識）にまで拡げてとらえ，それらの確かな習得を図る必要がある。

　全国学力・学習状況調査(H.19)の結果は，中央教育審議会答申(H.20.1)にも反映され，「知識・技能を活用する力が身に付いている子どもは基礎的・基本的な知識・技能も定着している傾向にあるが，<u>知識・技能が定着しているからといって，それらを活用する力が身に付いているとは限らない</u>という結果が出ている。」(下線引用者)としている。ここでは，知識・技能の習得とそれらを探究の文脈で適切に用いることとの間には「ある種のつなぎ」が必要であることが示唆されている。このことに関連する典型的な問題として，第5学年の「活用（B問題）」の問題5が例示されている。

　平行四辺形を求める右の問題5は「知識（A問題）」であるが，その正答率は95.8％である。これに対し，B問題の問題5「事象の観察と判断（道路）」(3)で，東公園

5　次の図形の面積を求める式と答えを書きましょう。

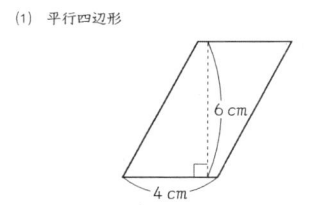

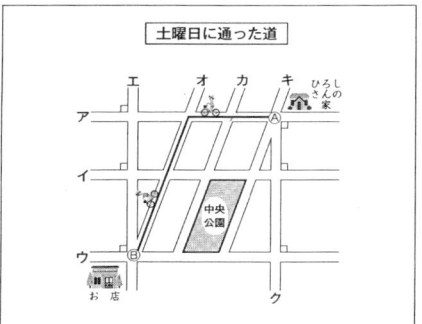

(1) 平行四辺形

（図：平行四辺形，高さ6cm，底辺4cm）

土曜日に通った道

（図：道路の地図，中央公園，お店，ひろしさんの家など）

○　道路ア，イ，ウは平行です。
○　道路オ，カ，キは平行です。
○　道路ア，イ，ウは，それぞれ道路エに垂直です。
○　道路ア，イ，ウは，それぞれ道路クに垂直です。

と中央公園の面積について,どちらの方が広いかを判断し,そのわけを言葉や式などを使って説明する問題が出されている。この問題では,中央公園の平行四辺形の面積を「底辺×斜辺」としている子どもが34.4%と3分の1もいたこともあり,正答率は18.2%で記述式の問題で最低であった。この問題では,与えられた状況の中で,必要な情報を選択し,それらを組み合わせて処理することが必要であり,それが適切にできないと正しく答えることはできない。「必要な情報を状況の中からどのように見いだし,適切に選択し組み合わせて用いるか」についての方法知が欠落している子どもが多いことを示唆している。

中学校第3学年の「活用（B問題）」の問題2では,与えられた説明（証明）をもとに発展的に考える場面で,説明を的確に解釈できるかどうかをみる小問(1)がある。正答率は56.0%（エ）で,ア,イ,ウ,オを選択した子どもはそれぞれ,13.0%,9.3%,16.4%,3.7%である。ここでは,式の「よみ」を説明全体の文脈を視野に入れて読解することに課題があることを示している。したがって,具体的な自然数について成り立つことと文字を用いた式で表された関係の間の「よみ」と「かき」についての理解はもとより,説明全体の文脈を的確にとらえ,それに基づいて式の意味を適切に解釈できるためには,そのための方法知を意図的,計画的に習得できるようにする必要がある。

> 2 太郎さんは,連続する3つの自然数の和がどんな数になるかを調べています。
>
> 　　1, 2, 3　のとき,　1 + 2 + 3 = 6
> 　　2, 3, 4　のとき,　2 + 3 + 4 = 9
> 　　3, 4, 5　のとき,　3 + 4 + 5 = 12
>
> これらの結果から,連続する3つの自然数の和は3の倍数になることを予想し,この予想が正しいことを下のように説明しました。
>
> 　太郎さんの説明
> 　連続する3つの自然数のうち,最も小さい数をnとすると,連続する3つの自然数は,n,$n+1$,$n+2$と表される。
> 　連続する3つの自然数の和は,
> 　　$n+(n+1)+(n+2) = n+n+1+n+2$
> 　　　　　　　　　　$= 3n+3$
> 　　　　　　　　　　$= 3(n+1)$
> 　$n+1$は自然数だから,$3(n+1)$は3の倍数である。
>
> 次の(1),(2)の各問いに答えなさい。
>
> (1) 太郎さんの説明の最後の式 $3(n+1)$ から,
> 　　**連続する3つの自然数の和は3の倍数である**
> ことのほかに分かることがあります。下のアからオの中から1つ選びなさい。
>
> 　ア　連続する3つの自然数の和は奇数である。
> 　イ　連続する3つの自然数の和は偶数である。
> 　ウ　連続する3つの自然数の和は最も小さい数の3倍である。
> 　エ　連続する3つの自然数の和は中央の数の3倍である。
> 　オ　連続する3つの自然数の和は最も大きい数の3倍である。

4
理科で育てる活用力

広島大学大学院教育学研究科教授●角屋重樹

❶ はじめに

　本稿の目的は，理科における活用型授業づくりの考え方を明らかにすることである。具体的には，まず，理科で育てる活用力を明らかにし，次に，このようにして明らかにした活用力を育てる理科の授業のあり方を検討することである。

　このため，まず，中央教育審議会が平成20年1月17日に答申した「幼稚園，小学校，中学校，高等学校及び特別支援学校の学習指導要領等の改善について」，特に，「④理科（ⅰ）改善の基本方針」を調べよう。この改善の基本方針から，理科で育てる活用力を明らかにし，次に，このようにして明らかにした活用力を育てる理科の授業のあり方を検討することから，理科における活用力を育てる授業づくりの考え方を具体的に明らかにしよう。

❷ 理科の改善の基本方針

　理科の改善の方針に関しては，「④理科（ⅰ）改善の基本方針」に5点が明記されている。これら5点について，主に，活用力を育てる授業づくりと関係する記述を整理すると，以下のようになる。
　① 科学的に調べる能力や態度を育てるとともに，科学的な認識の定着を図り，科学的な見方や考え方を養う。
　② 科学的な概念の理解など基礎的・基本的な知識・技能の確実な定着を図る。

③　科学的な思考力・表現力の育成を図る。
　④　科学的な知識や概念の定着を図り，科学的な見方や考え方を育成する。

　上述において子どもの活用力に関しては，次のように整理できる。これからの理科は，科学的な概念や基礎的・基本的な知識，技能を子どもに確実に獲得させるとともに，科学的に調べる能力や態度，科学的な思考力・表現力を育成することが求められていると言える。

　したがって，理科における活用力を育てる授業づくりは，主に，基礎的・基本的な知識，技能をもとに，科学的に調べる能力や態度，科学的な思考力・表現力の育成を目指すことであると言える。

❸ 基礎的・基本的な知識，技能をもとに科学的な思考力・表現力の育成を目指す理科における授業づくり

　基礎的・基本的な知識，技能をもとに科学的に調べる能力や態度，科学的な思考力・表現力，つまり活用力を育成する学習過程は問題解決である。この過程は，子ども一人一人が自然の事象に関して問題を見いだし，問題となる事象に対して説明できる仮説を発想することから始まる。次に，子どもは事象を説明できる仮説の真偽を実験で検討するために，実験方法を立案し，その実験方法を実行し，仮説の真偽を検討する。したがって，活用力の育成を目指す理科における問題解決は，仮説に関する真偽の検討活動がその基底になっていると言える。

　上述の仮説の検討を基底とする問題解決過程は，子どもが，まず，①問題を見いだし，②その問題となる事象を説明するための仮説を発想し，③発想した仮説の真偽を確かめるための実験方法を立案し，④実験結果を得て，実験結果について考察し，⑤新たな問題を見いだす，という5つの場面に整理できる。したがって，活用力を育成するためには，①〜

⑤の各場面における力を分析することが必要になる。

そこで、以下において、小学校理科の第5学年「植物の成長」のモデルを例に、①〜⑤の各場面における教師の手だてを考える。

①問題を見いだす場面

教師が枯れたヘチマと成長していくヘチマを実物あるいは写真で提示する。そして、教師が次のような働きかけをする。

T：「これらの植物の違いは？」
C：「枯れていく」
C：「成長していく」
T：「何（性質、状態、関係など）がどのように異なるの？」
C：「一方のヘチマは成長していくが、他方のヘチマは枯れていく」

上述してきたことから、子どもが問題となる事象を見いだすためには、事象の中から違いを見いだすことができるようにする（活用力育成のための手だて1）。

②仮説を発想する場面

子どもが問題となる事象を説明するための仮説を発想するためには、次のような教師の手だてが必要になる。

T：「何がそのようにさせている（関係している）の？」「今まで学んだことで関係することはないかな？」
C：「アサガオを育てたときに、水や肥料、日光が大切だったので、水がヘチマの成長に関係すると思う」
C：「肥料がヘチマの成長に関係すると思う」
C：「日光がヘチマの成長に関係すると思う」
T：「今までのことから、『ヘチマの枯れる、成長するという違いは、水

や肥料，日光に関係する』というように整理できる」

③仮説の真偽を確かめるための実験方法を立案する場面
　子どもが仮説の真偽を確かめるための実験方法を立案するためには，次のような教師の手だてが必要になる。
　T：「仮説が正しいことを，どのようにして調べるの？」「今まで学んだことを使って調べる方法はないかな？」
　C：「発芽の条件を調べたときに，調べる条件だけに注目し，それ以外の条件をそろえて比較するという実験をしたので，この実験方法を用いればよいと思う」
　C：「だから，ヘチマの成長に水が必要かどうかを調べるためには，水を与える植物と水を与えない植物の成長を比べる実験をすればよいと思う」
　T：「予想される結果はどのように表すことができるかな？」
　C：「『水がヘチマの成長に関係するのではないか』という場合は，水を与える与えないが，ヘチマの枯れる枯れないに関係するので，
　　　　水を与える　　→　　ヘチマは枯れない
　　　　水を与えない　→　　ヘチマは枯れる
　　と表すことができる」
　上述してきたことから，子どもが仮説や実験方法を発想するためには，子どもが既習の学習事項をもとに考えることができるようにする（活用力育成のための手だて2）。

④実験結果を得て，実験結果について考察する場面での手だて
　子どもが結果を得てそれを考察するためには，次のような教師の手だてが必要になる。

T:「得られた結果はどのようになったの？」
C:「得られた結果は，
　　　水を与えた　　　→　ヘチマは枯れなかった
　　　水を与えなかった→ヘチマは枯れた
　となった」
T:「この実験結果を仮説と比較したら，どのようなことが言えるかな？」
C:「この結果は，水がヘチマの成長に関係する，つまり，水を与えるとヘチマは枯れないのに，水を与えないとヘチマは枯れるという仮説と同じだった」
C:「だから，水がヘチマの成長に関係すると言える」
T:「肥料の影響を調べた実験結果を，仮説と比べたらどのようなことが言えるかな？」
C:「肥料の場合も水の場合の結果と同じだったので，『肥料がヘチマの成長に関係する』と言える」
T:「日光の影響を調べた実験結果と仮説を比較したらどのようなことが言えるかな？」
C:「日光の場合も水の場合の結果と同じような結果でだったので，『日光がヘチマの成長に関係する』と言える」

　上述してきたことから，子どもが考察するためには，仮説や実験方法と実験結果の関係から，仮説や実験方法の妥当性を振り返ることができるようにする（活用力育成のための手だて3）。

⑤新たな問題を見いだす場面での手だて
　子どもが新しい問題を見いだすようにするためには，次のような教師の手だてが必要になる。

T:「今日学んだことはどのように整理できるかな？」

C:「水や肥料，日光の3つの条件を調べる実験から，『水や肥料，日光がヘチマの成長に必要である』という知識を得た」

T:「今日の学習から，何が明確になって，何がまだ明確になっていないかな？」

C:「ヘチマ以外の植物も同じことが言えるかどうかを調べることがまだ不明確です」

　上述してきたことから，子どもが新たな問題を見いだすためには，知識や技能，それらを得る手続きを確認し，これから追究する問題を明確にすることができるようにする（活用力育成のための手だて4）。

❹ おわりに

　今まで述べてきたことから，問題の見いだし，仮説の発想や実験方法の立案，結果の考察，新たな問題の見いだし，という活用力の育成のための手だては，以下のように整理できる。

（1）子どもが問題を見いだすためには，事象の中から違いを見いだすことができるようにする。

（2）次に，子どもが事象を説明できる仮説やそれを検証する実験方法を発想するために，既習の学習事項を想起できるようにする。

（3）そして，子どもが仮説の真偽を検討するために，仮説や実験方法と実験結果の関係から仮説や実験方法を検討できるようにする。

（4）さらに，子どもが次々と新たな問題を見いだすために，得た知識や技能とそれらを得る手続きを確認し，次に追究する問題を明確にする。

参考文献
中央教育審議会「幼稚園，小学校，中学校，高等学校及び特別支援学校の学習指導要領等の改善について」（答申）　平成20年1月17日

5
総合的な学習の時間における様々な活用のあり方

上智大学総合人間科学部教授●奈須正裕

❶ 知の総合化を求めて

　学習指導要領では，第5章「総合的な学習の時間」の第3「指導計画の作成と内容の取扱い」の1-(6)として「各教科，道徳，外国語活動及び特別活動で身に付けた知識や技能等を相互に関連付け，学習や生活において生かし，それらが総合的に働くようにすること」としている。

　これは，平成10年に告示された学習指導要領が平成15年12月に一部改正された折に，総合的な学習の第3番目のねらいとして新たに追加されたものとほぼ同一内容である。今回の改訂では，この内容は従来の趣旨とねらいを足場に構成された目標には含まれることなく，上記の通り指導計画の作成に当たっての配慮事項として示されているが，引き続き総合的な学習がこれを重視している点に変わりはない。

　平成15年の一部改正に際して「小学校学習指導要領解説総則編」（平成16年3月一部補訂）は「各教科等の学習を通じて身に付けられた知識や技能等は，本来児童の中で一体となって働くものと考えられるし，また，一体となることが期待されている。しかしながら，児童を取り巻く環境や生活体験の変化などにより，学校で学ぶ知識等を生活の中で実感をもって理解する機会が減少している現状においては，各教科等の指導の在り方等の改善を図るとともに，意図的・計画的にそのような機会を設けることが必要である」とし，「総合的な学習の時間の活動を通して，学校で学ぶ知識と生活の結び付き，知の総合化の視点を重視し，各教科等で得た知識や技能等が学習や生活において生かされ総合的に働くよう

にする」(56〜57頁)ことを求めている。そして「総合的な学習の時間の実施上の課題として各教科等との関連に十分な配慮がなされないまま実施されている事例が見受けられたことを踏まえ」平成15年の一部改正において,このことを「ねらいとして明確に位置付けた」(同57頁)と説明している。

❷ 活用における独自な貢献

このように,平成10年の学習指導要領作成時において,すでに「各教科等で得た知識や技能等が学習や生活において生かされ」ることの重要性,すなわち今日でいう活用の意義は十分に認識されていた。しかしながら「学校で学ぶ知識等を生活の中で実感をもって理解する機会が減少している」ことから,「意図的・計画的にそのような機会を設ける」べく,各教科等の時間を削ってまで,総合的な学習が創設されたのである。

今回の改訂で総合的な学習の時数は縮減されるが,その理由として中央教育審議会答申(平成20年1月17日)は,高学年における外国語活動の創設と並んで「これまで総合的な学習の時間で行われることが期待されていた教科の知識・技能を活用する学習活動を各教科の中でも充実すること」(35頁)を挙げている。すなわち,総合的な学習の実践の成果を踏まえ,活用の意義がますます衆目の認めるところとなったのを受けて,平成15年の一部改正の折には望まれつつも本格的な実現にまでは踏み込めていなかった「各教科等の指導の在り方等の改善を図る」ことが,今回の改訂では教育課程の全領域にわたる改訂の基本方針にまでなったのである。

総合的な学習の存在と実践の具体が,今次改訂における各教科等のあり方を規定したのであり,したがって時数の縮減は総合的な学習の後退を意味するどころか,総合的な学習の精神が今や教育課程の全領域に及

んだ，ある種の勝利宣言とさえ言えよう。記述位置が総則から第5章へと移動し，各教科等と並び立つ独立したポジションを獲得したことと相まって，総合的な学習は今や学校教育において完全に市民権を獲得したのである。

　と同時に，活用を目指し「各教科等の指導の在り方等の改善」が今後進展・拡充するとしても，この点に関する総合的な学習の独自な貢献の余地には，引き続き大きなものがある。なぜなら，教科における活用は，①特定の教科，特定の学年段階の中での活用が大勢を占めるであろうし，②基本的には，習得の後に活用という順序性が想定されているであろう。これに対し，総合的な学習における活用は，①多くの場合，教科や学年を超えた，文字通り総合的な活用となるであろうし，②習得の後に活用という，いわば基礎の上に応用を積み上げる順序性のみならず，探究における必然性から活用へ，さらに習得へと進んでくる，いわば応用から基礎へと降りてくるものをはじめ，実に多様な順序性による学びが，しかも自然な形で生じてくるからである。

❸　多様な活用のスタイル

　では，具体的にどのような活用があり得るのか。長野県伊那市立伊那小学校（1986）では，豊富な実践経験に基づき，総合的な学習と教科の関わり方を6つのスタイルに整理しているが，そのうち以下の4つのスタイルが，活用の多様なあり方を指し示しているように思われる。

①　**これまでの教科学習で習得された知識・技能等が，総合的な学習に統合されて生きてはたらくスタイル**
　学区内を流れる川をきれいにしようと活動する人たちとの出会いをきっかけに，上流から下流の各地点で川の汚れを調査していた4年生の子

どもたちが，算数で習ったグラフを活用してデータを様々に再表現することにより，実態をより正確に把握でき，さらに他のクラスや学年へのアピールが効果的に行えた事例などが典型であろう。なお，このような取り組みにより，教科書で学んだ時には今ひとつだったグラフそのもののよさの理解も，大きく前進することが期待できる。

　いわゆる「知の総合化」は，基本的にはこのスタイルをイメージしていたと考えられる。習得が先行する点において，教科で一般に想定される活用にも近い。ただし，習得と活用の間に探究が存在し，探究の途上で出くわした切実な問題の解決過程において活用が要請されるあたり，習得から直裁に活用へと至ることが多いであろう教科の場合とは異なっている。

②　総合的な学習を展開する上である知識や技能の習得等が必要になり，いったん総合的な学習から離れてそのことを教科として学習し，再び総合的な学習に戻って展開するスタイル

　1年間に必要な羊のエサ代算出の必要感から，3年生の子どもたちが筆算によるかけ算の原理やよさ，2位数や3位数を含むかけ算の技能を学ぶといった場合が典型である。エサ代が明らかになることで羊を飼える見通しがつき，総合的な学習の活動自体は次の段階へと進むが，切実な問題解決の中で学ばれるだけに算数としての学力もしっかりと身に付くことが期待できるし，もちろんその時点ですでに活用の効く学びとなっている。

　「自分たちの力で羊を飼うことは可能か」という切実な問いから生まれた探究がもとになって「かけ算を用いて1年分のエサ代の計算をする」という活用が要請され，そこからかけ算の仕方や筆算のよさといった習得へと向かう流れになっている。先に習得がない点において①とは異なるが，探究が活用を必然として生み出すという原理は共通している。

③ 総合的な学習から芽ばえたある教科内容の学習が，独立してひとり歩きをする（分流）スタイル。一部は総合的な学習に戻る場合もある

委員会活動で話題となった給食の残采の多さへの気づきをきっかけに，5年生の子どもたちが残采ゼロのキャンペーンを校内で展開し，ついには栄養士さんに協力してもらいながら，数度にわたり実際に学校給食の献立を作成，最後には残采ゼロを達成したという実践がある。当然，その途上では栄養のバランスや適度なカロリー量，さらに各年齢層の子どもが好む味付けや調理の仕方を探究する必要があった。

これらはまさに家庭科の内容であるが，子どもたちは学習を展開するうちに給食の問題だけでなく，家の食事や自分たちが買うおやつについても同様の見地から吟味を行い始めた。これは総合的な学習そのものではなく，そこから派生し，分流した家庭科学習と見なし得るし，授業時数上もこの部分は家庭科として処理された。

活用のスタイルとして見る限りは②と同様で，探究から活用が要請され，そこでの必要に応じて習得へと進む流れである。ただし，総合的な学習がむしろ契機となって教科の学習が開始され，1つの単元全体が，総合的な学習から供給されるエネルギーによって推し進められるなど，いっそう総合的な学習の優位性が高いスタイルと言えよう。

④ 総合的な学習の中に，教科学習がまるごとすっぽり入って展開されるスタイル

自分たちが住んでいるまちを探検してまち自慢マップをつくる中で，結果的に3年生社会科の地域社会生活に関わる内容が学ばれてしまうといった場合が典型である。宮沢賢治の生き方に興味や疑問を抱いた6年生の子どもたちが，賢治の足跡を調べるとともに様々な作品を読み深めて議論し，自分たちなりの賢治像を1冊の本にまとめた事例などもある。

これまでとは趣を異にし、探究と活用と習得が渾然一体となって進むと見ることもできるが、ここでもやはり、まずは探究がしっかりと成立することがその後の連続する学びの必要条件となっている点に注意したい。

❹ 探究的な学習を通すことの意義

総合的な学習と教科の関わり方に関する4つのスタイルに即して、活用のあり方を検討してきた。表面的な表れとしては様々であったし、それこそが教科の中での活用とは異なる、総合的な学習ならではの独自な貢献の可能性を示唆している。

と同時に、すべてのスタイルに共通することとして、まずは探究的な学習が成立し、解決すべき切実な問題が見出されることが不可欠との原理も確認された。そこにおいてはじめて、子どもたちは自ら進んで活用の学びを求め、意欲的に展開していく。そしてその際、もし活用すべき知識なり技能が未だ十分に習得できていなければ、習得や、したがって場合によってはドリルにすら、自ら進んで向かっていくであろう。

学習指導要領において、総合的な学習は主に探究を担うと明確に位置付けられ、目標においても「探究的な学習を通して」学びを深めることを必須の要件としている。探究が、総合的な学習に固有な目標の実現にとって不可欠なのは言うまでもない。加えて、各教科等で身に付ける知識や技能を、教科における場合とは比較にならない幅広さとバリエーションでもって縦横無尽に活用することにより、それらを真に生きて働く学力とするためにも、総合的な学習が探究的な学習を通すことは不可欠なのである。

引用文献

伊那市立伊那小学校　1986　「意欲に関わる学力の育成」『公開学習指導研究会研究紀要』

6

外国語（英語）科における活用型授業づくりの考え方

立教大学経営学部教授●松本　茂

❶　活用型授業の前提

　「考えるゆとりを与える教育の実践」の一環として導入された「総合的な学習の時間」は，意図したほど評価を得られないまま，学習指導要領改訂の時期を迎えた。この点に関連して，中教審答申（＊1）では，「各教科において基礎的・基本的な知識・技能を習得しつつ，それぞれの教科の知識・技能を活用する学習活動を行い，それを総合的な学習の時間での課題解決的な学習や探究活動へと発展させる，という学習活動の意義が理解されず，十分に伝わらなかった」と述べられている。

　教科書そのもの「を」教えることに終始してきた一部の教師が，活用という観点を取り込んだ創造的な活動を行うことに消極的であったことも評価が低かった遠因になっていると考えられる。各教科において学習した事項などをもとに，総合的に活用しながら取り組むことができる，やりがいのある問題解決的・探究的な活動を用意していれば，生徒が活動に取り組む過程で，基礎・基本の定着も図れたはずである。

　こういった活用型学習（活用力）の意義は，新しい教育的関心のように思われがちだが，英語教育に携わっている教員にとっては従前よりあたり前のことである。それは，言語本来の機能を考えれば，語彙や文法事項を理解しただけにとどまっていてもあまり意味がないからである。つまり，教科書等を通してある特定の文脈や場面で使われている語彙や文法事項の意味や使い方を理解したことを，他の文脈や場面で活用できるようにならないと，言語を習得したことにはならない，ということで

ある（＊2）。

　また，シラバスや指導案を考える上でも，「習得から活用へ」という一方的な流れではなく，「学習したら活用する」「活用しながら習得する」といった柔軟な発想が外国語教育では必要である。学習した語彙や文法事項を異なる場面や文脈で使う（読むことを含む）ことで，学習して得た知識を定着させることにつながる。

　さらに，こういった発想で授業を設計すると，生徒自身が考えたり，発言したりすることや，話し合って何かを決めるといった体験をすることにつながり，中教審答申などで「教育的課題」とされた思考力・判断力・表現力を育成していくことにもつながるはずである。

❷ 目標（学習成果）とプロジェクトの設定

　新学習指導要領に準拠した検定教科書は，活用型学習を1つのねらいとして作成されることが予想される。しかし，教科書「を」そのまま教えるのではなく，各教員が，教科書「で」教える（教科書を活用しつつ指導する）ためのシラバスを作成していくことが肝要である。

　活用力の育成に限ったことではないが，教科書準拠の指導書に提示されている年間シラバスをそのまま使用しているケースが少なくないであろう。しかし，それはあくまで標準的なものであり，参考にすることはよいが，自らが受け持つクラスの生徒や地域の実情などに応じて独自に年間シラバスを作成することが必須である。

　年間シラバスを作成するためにまずしなければならないことの1つは，目標の設定である。各年次の，そして各学期の最後に，生徒たちはどのようなことを理解し，表現できるのか，といった目標（学習成果）を明文化することが必要である。目標が定まらないままの状態でどのような授業を展開するかを計画すると，「何のための活動なのか」というもっと

第2章　活用力を育てる授業づくりの考え方

も基本的な観点が抜け落ちてしまう可能性が高い。

　目標（学習成果）を明文化すべきだと言われてもイメージしにくい，という方は，「学年や学期の最後に，生徒にどのようなプロジェクト（メッセージの授受を中心に完結するタスク活動のうち，より現実性の高い課題）に取り組んでもらいたいか」ということを考えるとわかりやすいであろう。なお，プロジェクトを考える上で，当然ながら，使用する教科書に提示されている学習項目，テーマ，活動等との関連性にも配慮する。

〔プロジェクトの例〕
○　4名程度のグループごとに，学校での1年間の重大ニュースを4つ選び出し，説明文を書いて，壁新聞を作成する。他のグループの記事を読み，どのグループの壁新聞がどのような理由でよかったかを述べる。ALTや校長先生にも読んでもらい，感想を聞く。
○　3名程度のグループで，写真を用いながら，自分の町の自慢できること（風景，店，特産物など）をALTに対して自信をもって英語で5分間程度のプレゼンテーションを行う。また，他の生徒たちのプレゼンテーションを聞きながらメモを取り，積極的に質問する（学外からゲストを呼べるとさらによい）。

　上記のようなプロジェクトを説明した文章を分割した上で，文末を「…することができる」と変えることにより，「目標（学習効果）」になる。例えば，1つ目のプロジェクトの場合，以下のような目標として明示できるであろう。

〔目標の例〕
・身近な話題について，他の生徒と協力し合いながら，まとまりのある文章を書ける。
・まとまりのある文章を読んで，その内容について，いくつかの理由を

挙げて批評することができる。

❸ 順次性と整合性

　上記のような目標またはプロジェクトを設定する際に，年間の大まかな流れも同時に考えるとよい。その流れを考える上で，生徒がプロジェクトを行う段になって「それまでに学習・経験したことを活用すればいいのだ」と思えるように，学習項目や活動の順次性（sequence）と整合性（consistency）に注意を払うことが肝要である。

　活用度が増せば増すほど，教師のコントロールがより少なくなった授業構成の状態（lower-structured）となり，生徒の自律性（autonomy）の重要度が増す。期待されている自律性を生徒が楽しめ，かつ多くの学びが生じるように，それまでの学習の項目や体験が段階的に発展し，最終的にはプロジェクトに結びつくように計画する。

　その計画においては，プロジェクトを遂行するにあたり必要となると思われる背景知識，語彙，文法事項，言語活動経験等が，教科書本文の話題および学習項目（語彙，文法事項，言語活動等）と一貫しているかという整合性も問われる。

　よって，検定教科書が主な教科用図書である初等中等教育においては，指定された教科書の本文の内容や表現が，タスクやプロジェクトを設定しやすいものかどうか，ということがポイントとなる。もし，設定しにくい教科書本文だった場合，活動に発展するようにワークシート等を作成・補充することが肝要である。

　順次性と一貫性については，年間シラバスの作成だけでなく，1回ごとの授業の指導案（Teaching Plan）においても同じように配慮すべきである。特に中学校の授業でよく見受けられることだが，授業の導入活動（warm-up）が本文の内容や新出の言語材料とまったく関係ない，パター

ン化された活動ばかりになっているケースがある。生徒の英語に対する学習意欲を呼び起こしたり，楽しい雰囲気をつくったりすることには役立っても，授業の主たる学習項目やスキルへとつながる順次性や，本文の内容や新しい語彙や文法事項と関連があるといった整合性がない warm-up はベストとは言えない。

　教科書の1つのレッスンを4時間かけて授業するとして，その流れをどうするのか，レッスンのいくつかがユニットとしてまとまっている場合は，そのユニットをどのように展開していくのか，最後にどのようなタスクを行うのか，といった順次性を考える必要がある。

　たとえば，研究授業などにおいて，その当該授業の指導案しか提示しない教員が少なくないが，当該授業の指導案そのものよりも，むしろもっと重要なのは，レッスンやユニット全体の授業の流れがわかるように示した書類である。全体像がわかれば，当該授業でリピートなど単純な練習活動をしていたとしても，レッスンあるいはユニットの流れの中で，不可欠のことであるかどうかがわかる。

❹ 教師の役割

　活用型授業を展開するためには，教師は正しい知識を生徒に授けるという従来のティーチャーの役割だけでなく，様々な役割を演じなければいけない。シラバスや活動を創案するデザイナーであり，学校外の人との関わりが生じるような，やりがいのある現実的（authentic）なプロジェクトを立案折衝するコーディネーターでもある。また，英語を使った実際のコミュニケーションをしてみせるモデルでもあり，活動が円滑に進むように支援するファシリテーターでもある。さらに，生徒のパフォーマンス等にコメントを与えるコメンテーターであり，評価を下すイバリュエーターでもある。

いずれにしても，中学1年生の初期の段階は別として，What's the date today? / How many pencils are there on the table? といった，返答（正解）が1つしかあり得ない質問や，教師や他の生徒がすでに知っていることを練習のためにわざわざたずねる質問（display question）は，極力最小限にとどめたい。答えを知らないからする質問（referential question）（＊3）や，What do you think about it? といった様々な返答を誘発する質問（open-ended question）を教師が，そして生徒同士が数多く尋ねるような展開が望ましい。

❺ 最後に

　活用型の授業を展開するためには，教師自らが授業のときだけでなく，通常の生活においても英語を使ってコミュニケーションをしていること，つまり英語の知識を活用していることが肝要である。そうでなければ，どのような活動が本当の意味で活用的なのか，といったことを理解し得ないであろう。よって，外国語（英語）科において，授業を活用型にしていくということは，英語教師自らが，コミュニケーターになることを前提としているのである。

参考文献
＊1　中央教育審議会（2008）『幼稚園，小学校，中学校，高等学校及び特別支援学校の学習指導要領等の改善について（答申）』19 頁を参照のこと。
＊2　コミュニケーション志向の文法説明については，高島英幸編著（2000）『実践的コミュニケーション能力のための英語のタスク活動と文法指導』（大修館書店）などを参照のこと。
＊3　質問の種類については，尾関直子（2003）「誘導法（elicitation）」小池生夫編集主幹『応用言語学辞典』（研究社）79 頁などを参照のこと。

第3章
活用力を育てる授業の実践例〈小学校〉

1 国語科―「手ぶくろを買いに」―

和歌山県かつらぎ町立笠田小学校教諭●木村ひとみ

❶ 本事例の概要

　本事例は，PISA型読解力育成のための取組みの1つである。詳細な読解を中心とした指導法を改め，教材文全体を捉える読みができるよう，発問を工夫している。また，課題解決のコミュニケーション能力を身につけるため，グループ学習を重視している。

　教材は，「手ぶくろを買いに」である。雪の積もる寒い夜，子ぎつねのために手袋を買いに出かけたきつねの親子の物語である。情景や心情について読むだけでなく，子ぎつねや母ぎつねの言動について推論したり評価したりしながら主体的に読む力や，本文に書いてあることを根拠にして自分の考えを表現する力の育成を目指した実践である。

❷ 本事例における「活用」の捉え方

　「知識を活用する力」とは，思考力・判断力・表現力と考える。ここでは文学的文章を読んで自分ならどう考えるか，友達の考え方や見方と比べてみて自分はどう判断するか，そしてそれをどう伝えるかという授業を展開する。これは，PISA型読解力が提起している学習のプロセスと一致している。学習課題を解決するために児童が個々に考え，本文をもとに明確な根拠を挙げて自分の意見を言い，相互に批判し合ったり認め合ったりしながら，よりよい解決策を見つけ出すという課題解決型の言語活動（読解と表現を融合させた授業）の中で，活用力は育成されるものと考えている。

❸ 実践上の工夫点

（1） 発問の工夫

主体的に読む力や自分で考える力，課題解決力を育成するために，次の点に留意し発問作りを行った。

①児童の考える意欲を喚起する発問であること
②教材の核心をついた発問であること
③焦点を絞り，児童によくわかる発問であること
④本文を根拠にして答える発問であること
⑤オープンエンドの発問を取り入れること

そして，読解の3つのプロセス「情報の取り出し」「解釈」「熟考・評価」の順に発問を構成した。

（2） 活動形態の工夫

楽しみながら物語の内容を正確に理解させるために，アニマシオン型の質問（円座になり読み聞かせをした後，本を伏せさせ，「だれが出てきた」「きつねの親子は何のために町に出かけたの」など，本文に書いてある内容について答えさせる方法）や挿絵を並べ替える活動を取り入れた。

また，課題解決のためのコミュニケーション能力を身につけさせるため，自分の考えを書いた後，グループで話し合ったり全体で討論したりする形態をとり，話し合う時間を十分確保した。グループでよりよい議論ができるよう，「一番よい意見はどれか」ではなく，「グループとしての意見をまとめる」という視点で話し合わせた。

（3） ワークシートの工夫

本文を根拠にして考えを表現する力を育てるために，意見と理由を分けて書くワークシートを活用した。また，話し合う時も，意見の後に必ず理由を言わせるようにした。

❹ 単元の概要

〈単元の目標〉
○場面の移り変わりや情景，登場人物の人物像について，叙述をもとに読むことができる。
○本文をもとにして，登場人物の言動の理由を推論することができる。
○本文をもとにして，登場人物の言動について評価することができる。

〈単元の構成〉（全4時間）「　　」は主発問

時	学習内容
1	あらすじをつかみ，場面の情景・登場人物の人物像を捉える。
2	母さんぎつねの行動の理由，子ぎつねの言葉の理由について推論する。「母さんぎつねが子ぎつねを一人で町に行かせたのは，なぜですか。」（解釈）「子ぎつねが『人間ってちっともこわかないや』と言ったのは，なぜですか。」（解釈）
3	母さんぎつねの行動について評価する。（本時3／4）「あなたが母さんぎつねだったら，町の灯を見て足が進まなくなったとき，どんな方ほうを考えますか。また，そう考えたのはなぜですか。」（熟考・評価）
4	子ぎつねの言葉について評価し，物語の続きを考える。「あなたが子ぎつねだったら，この後どうしますか。お話の続きを考えましょう。また，そう考えた理由を文章に書いてあることをもとに考えましょう。」（熟考・評価）

❺ 本時の概要

〈本時の目標〉

　町の灯を見て足が進まなくなった母さんぎつねがどんな方法をとればよかったのかについて，本文の内容をもとに考えることができる。

〈本時の展開〉（45分）

◎主な学習活動　★発問　・児童の反応 《　》児童の意見の理由	○留意点　☆評価 【　】評価方法
◎学習課題をつかむ。（5分） ★あなたが母さんぎつねだったら，町の灯を見て足が進まなくなったとき，どんな方ほうを考えますか。また，そう考えたのはなぜですか。	○物語の母さんぎつねが考えた方法を想起させ，主発問について説明する。
◎自分の考えた方法をワークシートに書き込む。（10分） ・子ぎつねの両手を人間の手にして行かせる。 《まちがえて手を差し出しても人間に見つからないから。》 ・子ぎつねの体全部を人間の子どもにする。 《子ぎつねが店の中まで入って人間を見ることができるから。》 ・町の地図を持たせる。 《子ぎつねは町に行ったことがないので，迷うといけないから。》 ・物語の母さんぎつねと同じようにする。	○意見と理由の合わない児童に助言する。 ☆本文の内容をもとに方法を考えている。 【ワークシート】 〔A：本文の内容をもとに複数の方法を考えている。〕

《子ぎつねの片手だけ人間の手に変えただけでなく，町の様子や買い方も教えたし，本当のお金も持たせたから。》

〔Cの児童への支援：挿絵やカードなどから本文の内容を振り返らせ，対話によって自分なりの方法を見つけさせる。〕

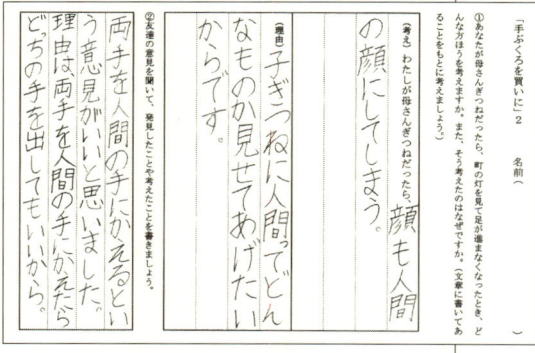

「手ぶくろを買いに」2　名前（　　）

①あなたが母さんぎつねだったら，町の町を見て足が進まなくなったとき，どんな方ほうを考えますか。また，そう考えたのはなぜですか。（文章に書いてあることをもとに考えましょう。）

〈考え〉わたしが母さんぎつねだったら，顔も人間の顔にしてしまう。

〈理由〉子ぎつねに人間ってどんなものか見せてあげたいからです。

②友達の意見を聞いて，発見したことや考えたことを書きましょう。

両手を人間の手にかえるという意見がいいと思いました。理由は両手を人間の手にかえたらどちらの手を出してもいいから。

◎グループで意見交流をする。(20分)

○自分の考えと比べながら聞いたり，質問をしたりさせる。
○本文の叙述に基づいた話し合いをしていないグループに助言する。

C1「ぼくは，母さんぎつねが町の近くまでついて行ってあげる方法がいいと思う。」
C2「それはできないんじゃない。だって今，母さんぎつねの足が進まないんだから。」
C1「あっ，そうだった。」
C3「わたしは，顔を人間に変えたらいいと思う。そうしたら子ぎつねは人間を見ることができるから。」

◎クラス全体で一番よい方法について話し合う。（10分）	○各グループに話し合いの結果を発表させる。 ○グループの意見を否定せず，根拠に基づいているか考えさせる。

❻ 考　察

　母さんぎつねのとるべき方法や物語の続きについて問うことによって，児童の考える意欲が高まり多様な意見を引き出すことができた。児童はグループ内で友達の意見を聞き，質問したり良さを認めたり反論したりしながら，自分の考えを吟味し深めることができた。また，友達を納得させるための確かな根拠を用意し，論理的に表現しようとする態度も身についてきた。

　「活用力」は，課題について自分の考えをもち，それをもとに意見交換しながら解決する過程において育成されるものと考える。今後も，児童一人一人が課題に対して能動的な読みができるような授業を展開していきたい。

参考文献
新美南吉・作　黒井健・絵　1988　『手ぶくろを買いに』　偕成社
有元秀文　2006　『子どもが必ず本好きになる16の方法』　合同出版
有元秀文　2008　『必ず「PISA型読解力」が育つ七つの授業改革』　明治図書

2
社会科—みんなが暮らしやすい町づくり—

兵庫県佐用郡佐用町立三日月小学校教諭●古川光弘

❶ 6年社会科「地域行政の授業」

　6年生の社会科「地域行政の授業」で，総合的な学習の時間ともリンクさせ，「みんなが暮らしやすい町づくり—盲導犬の学習を通して—」という単元を組み立てた（平成16年度）。

　本単元は，自分が主体的に関わっていくという学習ではなく，「目の不自由な人」のために活躍する盲導犬に視点を当て，その理解を通して，みんながともに生きていくための方法とシステムについて追究するということをねらいとしたものである。

　この学習の中心は，「盲導犬は幸せか？　それともかわいそうか？」という課題追究であったが，児童はその活動を通して単元のねらいに迫っていった。後で述べるが，その時に身に付けた力が「活用力」である。

　そもそも「盲導犬は幸せか？　それともかわいそうか？」という課題は，ある児童の夏休みの読書感想文から生まれたものなのであるが，子どもたちは，討論のための調べ活動を徹底的に行なった。

　調べるときには，方法も，人数も，また発表の形式（ノート発表，模造紙発表，コンピュータ発表等）もまったく自由にした。すべて子どもたちに任せたのである。ただ，調べ方だけは示し，参考にさせた。

　本単元「みんなが暮らしやすい町づくり」の「総合的な学習の時間」上での位置づけを次頁に示す。

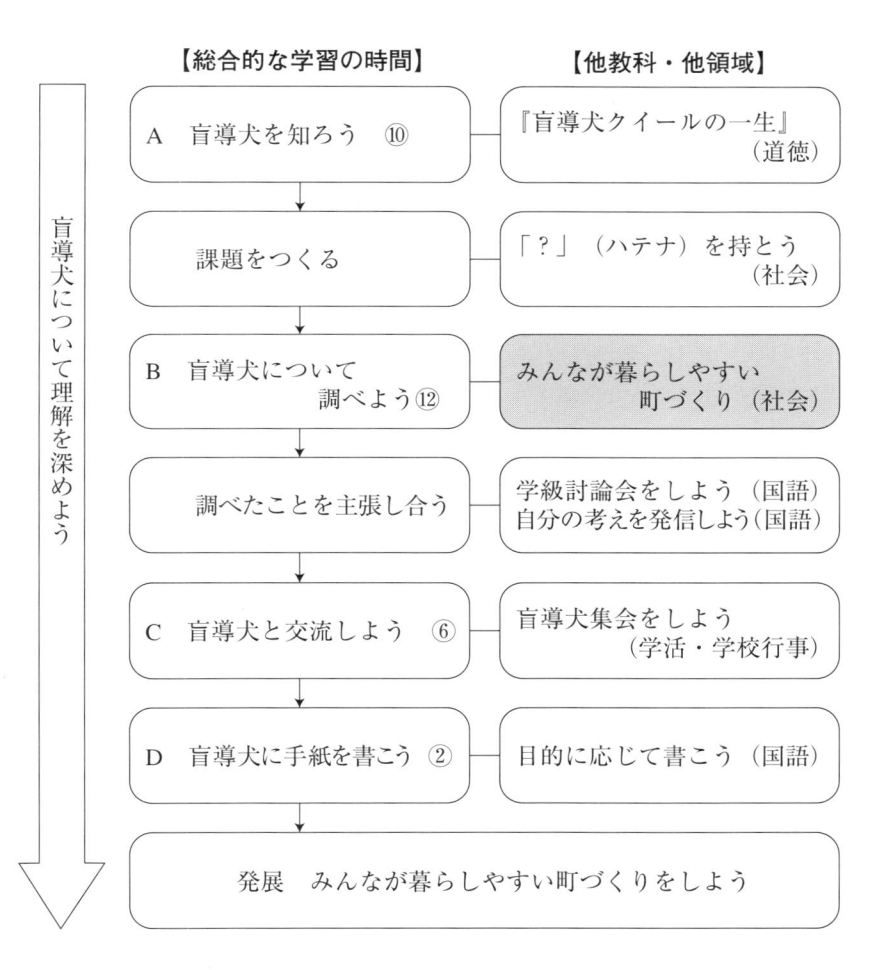

第3章 活用力を育てる授業の実践例〈小学校〉

【総合的な学習の時間】　　　　　【他教科・他領域】

盲導犬について理解を深めよう

- A　盲導犬を知ろう　⑩　―　『盲導犬クイールの一生』（道徳）
- 　　課題をつくる　―　「？」（ハテナ）を持とう（社会）
- B　盲導犬について調べよう　⑫　―　みんなが暮らしやすい町づくり（社会）
- 　　調べたことを主張し合う　―　学級討論会をしよう（国語）／自分の考えを発信しよう（国語）
- C　盲導犬と交流しよう　⑥　―　盲導犬集会をしよう（学活・学校行事）
- D　盲導犬に手紙を書こう　②　―　目的に応じて書こう（国語）
- 発展　みんなが暮らしやすい町づくりをしよう

❷ 単元「みんなが暮らしやすい町づくり」の指導計画

【課題：盲導犬は幸せか？　それともかわいそうか？】

第1次　課題を確認する　　　　　　　　………………………　（3時間）
第2次　課題について調べる　　　　　　　………………………　（8時間）
第3次　課題について主張し合う　　　　………………………　〈本時〉（1時間）

❸ 本時のねらいと展開

(1) 目標：調べたことを聞き手にうまく伝わるように発表したり，人の意見を真剣に受け止めたりすることができる。
(2) 準備物：各自の調査資料，ワークシート
(3) 展開

学習展開と児童の活動	指導上の留意点・評価の観点
1　本時の学習課題を確認する。	・課題が導かれる契機となったY児の作文を確認する。
学習課題：盲導犬は幸せか？　かわいそうか？	
2　自説を主張する。 ＜幸せ派＞ ・頼りにされ，必要とされている。 ・普通の犬にはできないことができる。 ・甘やかされないで，いろいろ教えられしつけられている。 ・ユーザーや協会の方の目がいつも行き届いている。 ・ユーザーのために仕事ができ幸せだ。 ＜かわいそう派＞ ・自分の思い通りに行動できない。 ・いつもユーザーの命令を聞くばかりで自由がない。 ・盲導犬になるためだけに生まれてきたようなものだ。 ・ハーネスをつけられて苦しそうだ。 ・ご飯や用便を我慢されられている。	・前時までに，子どもたちは，このテーマで調べ学習を行っている。自分の立場をはっきりさせて主張させる。 ・「なぜ，そう考えたのか」根拠を，資料をもとに説明させる。 ・友達の意見で必要だなと思うことはノートに筆記してよいが，板書はノートに写さないことを確認する。 ・自分の意見も大切だが，相手の意見も尊重することを確認する。 ・指名なしでどんどん発表させる。教師は進行整理は行うが，できるだけ前面には出ないようにし，子どもたちに任せる。 ・発言の苦手なA児，B児に対しては，発表しやすいように支援する。 評　調べたことがうまく伝わるように

3 ゲストティーチャー（犬の訓練師）の話を聞く。 4 自分なりの振り返りを行う。	発表したり，人の意見を真剣に受け止めたりすることができたか。 ・ゲストティーチャーの意見を絶対的なものとは考えず，自分の考えを見つめなおす契機とさせる。 ・今の自分の考えをワークシートに記入させるが，時間の都合上，家庭学習とする。

❹ 「活用力」私なりの定義

　私は，社会科における「活用力」を，課題解決のための情報収集能力と捉えている。「課題」→「探究」→「情報収集」（活用）→「討論」→「習得」という学習システムは，「活用力」を育てるのには大変適した流れである。この「活用力」は，当然，実社会，実生活において，生きる力としてはたらく。

　先にも述べたが，子どもたちは，討論のための調べ活動を徹底的に行なった。自分たちの説を正当化するには，きちんとした「裏付け」がなければならないことを教え，そのための調べる方法は示した。

　ところで，「盲導犬は幸せか？　それともかわいそうか？」という先の課題の追究活動には，かなりの時間を費やした。立ち止まっているグループには，課題解決のための情報収集の方法を具体的にアドバイスすることにより，この「活用力」を身に付けさせていった。

　以下が，当時の学級通信で紹介した子どもたちの課題追究の方法である。主な方法を抜き出してみる。
○『最後のパートナー』という本の中の8つの詩をもとに追究した。（N.S）
○授業の内容や自分の考えをもとに追究した。（K.T）
○三日月商店街の10軒にインタビューした結果をグラフにして追究した。（S.T）

○『盲導犬フロックスの思い出』という本で追究した。(H.T)
○『リンゴのすきなアーサー』という本から追究した。(H.N)
○社会福祉協議会で質問したことから追究した。(S.N)
○『クイールを育てた訓練師』という本から追究した。(N.N)
○13人に街頭インタビューした結果をグラフにして追究した。(K.H)
○『きらっと生きる』『がんばれ盲導犬サーブ』『盲導犬クイールの一生』という本から追究した。(S.H)
○盲導犬協会から取り寄せた資料をグラフにして追究した。(R.I)
○『フー子とママのふたり』という本から追究した。(M.F)
○『盲導犬クイールの一生』という本と授業内容から追究した。(U.I)
○5・6年生にとったアンケート結果をグラフにして追究した。(N.U)
○『盲導犬クイールの一生』という本から追究した。(M.O)
○盲導犬協会から取り寄せた資料とインターネットの情報を掲示用の資料としてまとめる過程で追究した。(K.Y)
○インターネットの内容を2種類のグラフにしてまとめたことから追究した。(S.Y)
○家族にインタビューした結果から追究した。(T.K)
○家族へのインタビューと盲導犬協会へファックスで問い合わせた結果から追究した。(S.K)
○インターネットと集めた資料をもとに追究した。(S.Y)

❺ 「活用力」を生かした授業

　討論会当日は，こうして調べたことを，授業の中で主張し合ったのであるが，子どもたちは，調べたことを聞き手にうまく伝わるように効果的に発表しようと試みた。また人の意見も真剣に受け止めようとした。学習に楽しみながら取り組んでいるように思えた。
　討論をしながら調べたことを発表する授業形態は，従来の「発表会」

第3章　活用力を育てる授業の実践例〈小学校〉

というような退屈な授業形態とおおいに違うところである。発表の時間も順番もない。決められた形式もない。指名無し討論の中で，自分たちで調べたことを自説主張のための「裏付け」として話し合いを展開していくのである。

　下が，討論当日の板書である。教師が各派の主張の要点をまとめるのと同時に，子どもたちの調べ学習の成果を添付している。これは子どもたちが，自分の意見を述べるときに黒板に貼り付けたものである。子どもたちの調べ学習の方法が多岐にわたり，「活用力」が身に付いているのがわかる。本単元の成果である。

　この単元で身に付いた「活用力」は，以後の追究活動に大いに生かされることになった。「活用力」が学習技能として定着したのである。

　また，子どもたちは，社会科に限らず様々な学習活動において，この「活用力」を使って，効果的な追究活動を行うことができた。

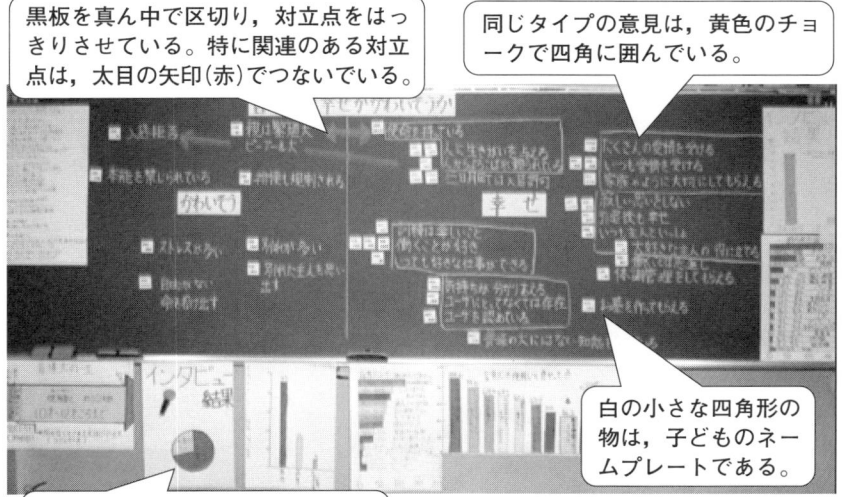

黒板を真ん中で区切り，対立点をはっきりさせている。特に関連のある対立点は，太目の矢印（赤）でつないでいる。

同じタイプの意見は，黄色のチョークで四角に囲んでいる。

白の小さな四角形の物は，子どものネームプレートである。

資料は，発表が終わると同時にまわりのスペースに移動させている。

本時の板書

3

算数科―折れ線グラフ「駅伝のドラマをグラフから読む」

練馬区立光が丘第二小学校●白井一之

❶ 本事例の概要

　「駅伝競争」は日本で生まれ，すでにおよそ90年の歴史をもつ陸上競技である。また，「Ekiden」として国際的にも広く知られるようになり，国際陸連主催の世界大会も行われている。駅伝とは「長距離のリレー・レース。数人で1チームをつくり，各人が所定の区間を走り，着順または総所要時間によって勝敗をきめる。(広辞苑)」と定義されている。

　この駅伝の順位は最終区で決定されるが，最終区に至るまでには順位が入れ替わるドラマがあり，結果だけ見ればよいというものではない。その順位の変動を表すグラフが本事例の教材である。

　駅伝における順位変動グラフは「折れ線グラフ」であり，4学年で学習する内容を活用することによって読み取ることができる。

　折れ線グラフは，線の傾きで変わり方がわかり，線の傾きが急であるほど，変わり方が大きいことを表すものである。

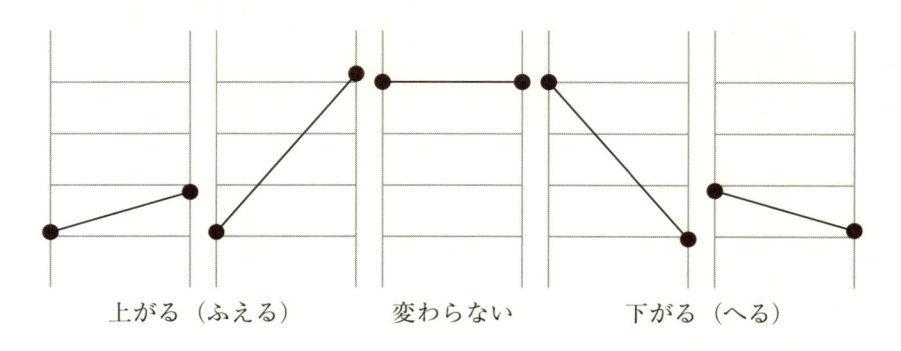

　　　上がる（ふえる）　　　変わらない　　　下がる（へる）

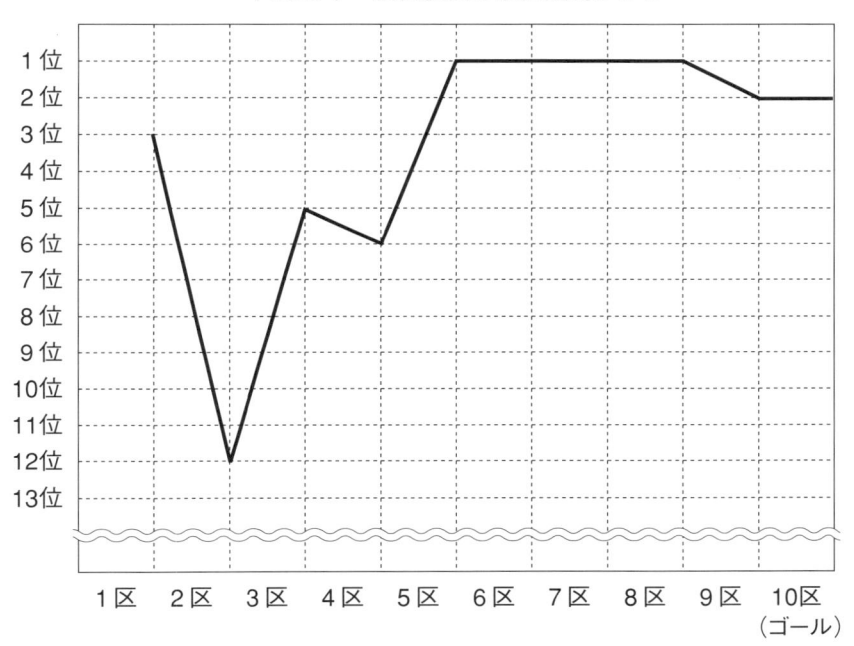

平成20年　箱根駅伝の順位変動グラフ

　例えば，上のグラフは往路（5区まで）では1位だったW大学の順位変動グラフである。線の傾きが急な区間においては順位が大きく変動し，何人ものランナーに抜かれたあるいは抜いたことがわかる。線の傾きが1つと小さいときは1人のランナーに抜かれたことがわかる。また，順位に変動のないときは横にまっすぐな線で表される。

　このように折れ線グラフで学習した内容を活用することによって，駅伝における順位争いが読めるのである。

　ここでは，4年生以上の教材として，上位3位までの大学の順位を表したグラフを用いて，グラフから駅伝のドラマを読み取っていこうというものである。

❷ 本事例における活用の捉え方

　算数で学習した内容を日常生活の中で活用する。

　小学校の運動会などで行われるリレーの競技では，結果だけが発表されるが，その結果に至るまでには途中の選手が抜いたり，抜かれたりなどのドラマがある。このようなリレーのドラマを再現するものとして，折れ線グラフの活用がある。バトンをもらったときの順位を示すものであるが，どのような順位の変動を経て1位になったのかが一目でわかる。算数で学習した折れ線グラフにはこのような活用の仕方があることを伝え，これからの学校生活に役立てたり，グラフから駅伝などレースの様子を読み取ったりできる児童にしていきたい。

　その足がかりとして駅伝のデータを用いる。駅伝はテレビでもよく放映されるので，児童にとっても親しみのあるものになってきている。このグラフを読むことで，その区間にどのようなドラマがあったのかを想像させ，折れ線グラフの有用性がわかるようにしたい。

❸ 単元の構成─変わり方を見やすく表そう（全6時間）─

時	学習内容	本時で活用する内容
1	変化の様子を表すには折れ線グラフを使うとよいことを知る。	○
2	折れ線グラフの読み方を知る。	○
3	折れ線グラフの傾きと事象の変化の度合いとの関係を知る。	○
4	折れ線グラフのかき方を知る。	○
5	目盛りに波線を用いたグラフの表し方を知る。	○
6	駅伝の順位変動グラフを読む。（**本時**）	

❹ 本時のねらい

3つの折れ線グラフから駅伝における順位の変動を読み取ることができる。

❺ 授業の展開

(1) 課題の提示

T：今年の1月に箱根で行われた駅伝の結果を表した表です。この表を見て気がついたことを話してください。

箱根駅伝順位変動表

	1区	2区	3区	4区	5区	6区	7区	8区	9区	10区ゴール
A大学	2位	5位	6位	5位	2位	2位	2位	2位	1位	1位
B大学	3位	12位	5位	6位	1位	1位	1位	1位	2位	2位
C大学	9位	2位	2位	3位	5位	5位	6位	6位	3位	3位

C：順位に入れ替わりがたくさんある。

C：B大学は2区で12位まで下がったのに3区では5位だから，7人も抜かしたことになります。

C：同じように，B大学は1区で3位だったのに2区では12位だから9人も抜かされています。体調でも悪かったのかな。

C：5区からはA大学，B大学と順位に変化はないけど，9区で順位が入れ替わっています。

T：今，変化という言葉があったけど，変化を表すにはどのようなグラフがいいですか。

C：折れ線グラフです。
T：そうですね。折れ線グラフです。たくさんの選手を抜いたり，抜かれたりする様子はグラフではどのように表せるでしょう。
C：……
T：では順位が変わらないときは，グラフではどう表せますか。
C：変わらないときはまっすぐです。
T：まっすぐって，どういうこと？
C：上下するのではなく，横にまっすぐ。
T：そうですね。じゃあ，変化が急なときは？
C：そうだ，傾きが急になる！
T：そうでしたね。それではこの順位表をグラフに表してみましょう。

(2) 自力解決

T：よこのじくに区間を，たてのじくに順位を書きますが，たてじくの順位は上が上位になるように書きましょう。（グラフ用紙配布）
T：グラフができた人は，このグラフを見て気がついたことをグラフ用紙の下に書きましょう。

(3) 発 表

T：それでは，気がついたことを発表してください。
C：グラフに表すと，たくさん抜いたときや，抜かれたときは折れ線の傾きが急になるので表のときよりもぱっと見てわかりました。
C：順位が変わらないときは横にまっすぐになりました。
C：目盛りを数えれば何人抜かしたかがわかります。
C：グラフの傾きが右下がりのときは順位が落ちて，右上がりのときは順位が上がります。

箱根駅伝順位変動グラフ

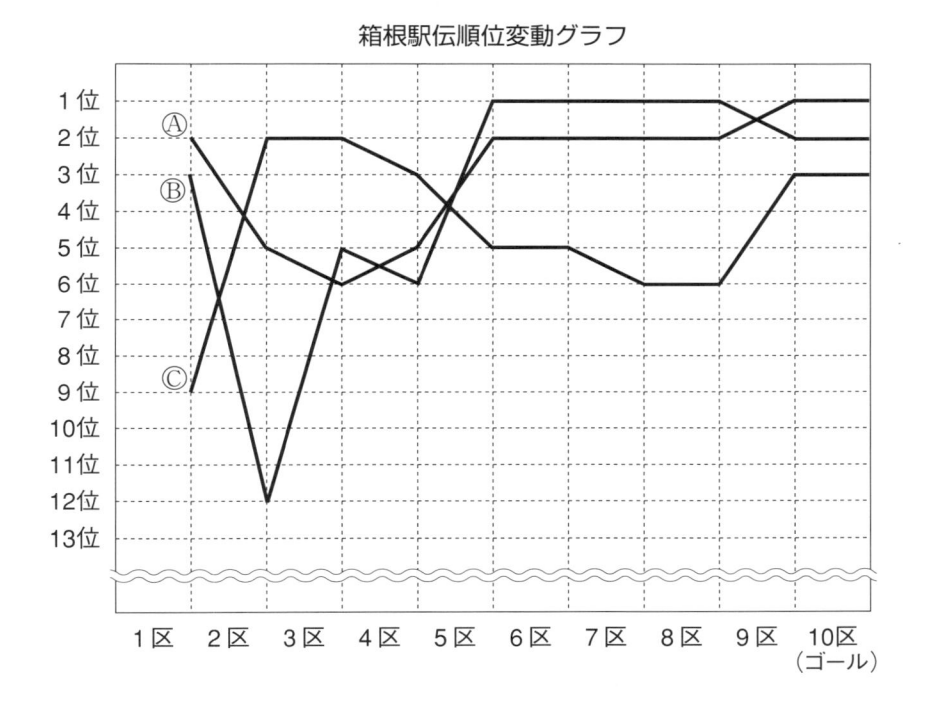

❻ 実践上の工夫点

　この教材は4学年の折れ線グラフの学習が終了していればいつでも実践できる。その際，学年や児童の実態に応じて線の数を減らしたり，増やしたりすることができる。変化の様子をしっかりと見させたい場合は，1校ずつ提示してグラフを書かせ，順次重ねていく方法も考えられる。

　また，この駅伝の情報を用いなくても，クラス等でリレーを行い，走者ごとに順位を記録し，折れ線グラフに表す活動に代えることができる。

　グラフから気がついたことを書かせる際には，折れ線の傾きに着目させ，その傾きが何を表しているのかに気づかせることが大切である。グラフ用紙に縦軸，横軸などあらかじめ記入しておいてもよい。

4 理科—「ふりこの規則性」—

東京都千代田区立九段小学校教諭●福田章人

❶ 本事例の概要

　本単元は，平成10年告示の学習指導要領では，「物の運動」として，「衝突」と「ふりこ」の内容を選択して行うこととなっていたが，平成20年告示の学習指導要領からは選択ではなくなり，すべての児童が「ふりこ」の内容を学習することとなった。

　本単元では，「ふりこが1往復する時間は糸の長さに関係する」という規則性を学習する。この規則性は，「おもりの重さ・おもりが振れる振れ幅には関係しない」ということも合わせて理解していくことが重要である。また，この規則性を獲得していくために，問題解決の過程に沿って学習を進める中で，条件を制御した実験・定量的な実験を計画・実施していく能力や，データを表やグラフを使って整理する技能，整理した数値の変化を読み取る能力を育てていく。

❷ 本事例における「活用」の捉え方

　本単元は，「ふりこが1往復する時間は，何によって変わるのか」という問題をつくり，「糸の長さ」「おもりの重さ」「おもりが振れる振れ幅」という3つの要因を仮説として設定し，検証する。

　3つの要因を検証していくため，実験計画・検証実験・実験結果の考察を3回繰り返すことになる。そのため，本単元で育てたい「条件を制御した実験を計画・実施する能力」「定量的な実験を計画・実施する能力」「データを表やグラフを使って整理する技能」「整理した数値の変化

第3章　活用力を育てる授業の実践例〈小学校〉

を読み取る能力」を比較的短い期間に何度も活用していくことができる。このように，本単元は，今まで学習してきた技能や能力を活かしやすい単元である。

　また，表に整理したデータをグラフ化することで，量の変化とグラフの傾きとの関係を実感することができるとともに，グラフで表すよさを実感することができる。つまり，本単元でこれらの技能や能力を活用す

子どもが整理したグラフ

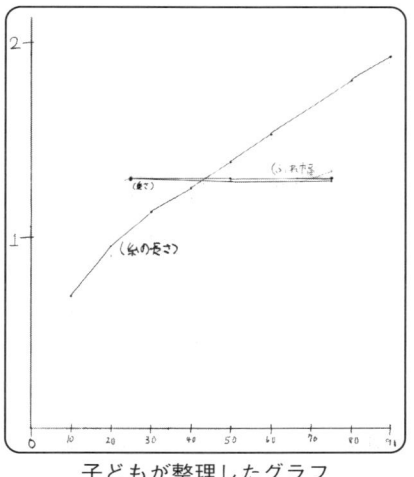

ることで，理科や他の教科でも学習してきたこれらの技能や能力のよさを実感することができる。活用してよかったと思える場面を数多く設定することは，技能や能力を活用していこうとする動機付けとなり，「活用力」を育てていくこととなる。

❸　単元の構成（全12時間）

○提示する事象AとBの違いと，その違いが起こった原因について話し合い，問題を見いだす。（1／2時間）

> 【事象提示】糸の長さ，おもりの重さ・振れ幅を変えた2つのふりこを同時に1往復振る
> A：糸の長さが長い，軽いおもり，振れ幅が大きいふりこ
> B：糸の長さが短い，重いおもり，振れ幅が小さいふりこ

○AとBの違いと，その違いが起こった原因について話し合い，問題を見いだす。（1／2時間）

【問題】ふりこが1往復する時間は，何によって変わるのだろうか。

○問題をもとに仮説を立てる。（1時間）
　仮説①　おもりの振れ幅が大きいと，ふりこが1往復する時間が（長くなる・短くなる・変わらない）。
　仮説②　おもりの重さが重いと，ふりこが1往復する時間が（長くなる・短くなる・変わらない）。
　仮説③　糸の長さが長いと，ふりこが1往復する時間が（長くなる・短くなる・変わらない）。
○仮説をもとに実験方法を話し合い，実験計画を立てる。（1時間×3）
　実験①　おもりの振れ幅を10度・20度・30度と変化させる。
　　　　　おもりの重さ・糸の長さは変えない。
　実験②　おもりの重さを20g・50g・80gと変化させる。
　　　　　糸の長さ・おもりの振れ幅は変えない。
　実験③　糸の長さを20cm・50cm・80cmと変化させる。
　　　　　おもりの重さ・おもりの振れ幅は変えない。
　※初めに実験①を「実験方法の話し合いから結論を導く」まで行う。次に実験②，実験③の順で同様に進めて行く。
○計画に沿って，自分の仮説を検証する実験を行う。（1時間×3）
○実験結果を表とグラフに整理する。（2／3時間×3）
○実験結果をもとに結論を出す。（1／3時間×3）
○3つの要因の結論をもとに，問題（ふりこの規則性）の結論を出す。
　　　　　　　　　　　　　　　　　　　　　　　　（1時間）

❹ 授業のねらい

　自分の仮説を確かめる実験方法を，今までの学習を活用して計画する。

その際，1回目の「おもりの振れ幅」がふりこが1往復する時間と関係しているのかを調べる実験方法を計画する時には，これまでに学習した「植物の発芽と成長」「植物の結実」「流水の働き」「電流の働き」「物の溶け方」での条件を制御した実験・定量的な実験の方法を活用して計画を立てる。また，2回目・3回目の「おもりの重さ」「糸の長さ」がふりこが1往復する時間と関係しているのかを調べる実験方法を計画する時には，前回の実験方法を活用して計画を立てるようにする。

❺ 授業の展開(3／12時)　○は教師の指示・発問，・は児童の反応

○自分の予想を確かめるためには，何がどのようになることを調べればよいですか。（実験の目的の明確化）
・おもりの振れ幅が大きくなると，ふりこが1往復する時間が（長くなる・短くなる・変わらない）ことを調べればいい。
○今までの学習を思い出してください。いくつかの条件を調べる時に大事なことは何でしたか。（今までの学習の活用・条件制御）
（なかなか思い出せない時）○インゲンマメの発芽の条件を学習した時，日光が必要かどうかを調べたかったら，日光の条件は変えましたか。変えませんでしたか。その他の水や肥料などの条件は変えましたか。変えませんでしたか。
・調べたい条件だけを変えて，他の条件は同じにして実験する。
○変える条件は何ですか。（条件制御－変える条件の確認）
・おもりの振れ幅です。
○同じにしなければならない条件は何ですか。（条件制御－変えない条件の確認）
○今までの学習を思い出してください。他の人にも伝わり，同じ実験をすれば同じ結果が確認できるようにするためには，変える条件をどの

ように変えればよいですか。(今までの学習の活用・数値化・変数をいくつか変化させる)

(なかなか思い出せない時) ○水の量によって溶ける量が多くなるかどうかを確かめた時や、電流の量によって磁石の力が強くなるかどうかを確かめた時には、「多い・少ない」「大きい・小さい」時の実験ではなく、どのように変化させましたか。
・50ml, 100ml, 150ml, 200ml で実験しました。
・電池1個, 2個, 3個で実験しました。
○同じように、数字を使っていくつか変化させるようにしましょう。
○振れ幅の角度を、何度と何度と何度にして実験しますか。(具体的に数値化する)
○大きく振りすぎると、糸が伸びないで振れてしまったり、斜めに振れて机にぶつかったりすることがあるので、30度までが正確に実験できると思います。(振れ幅の限度の提示)
・振れ幅を10度, 20度, 30度に変化させます。
○同じように、変えない条件の『おもりの重さ』『糸の長さ』はどうすればいいですか。(今までの学習の活用・数値化)
・数字を使って決めておきます。
○「おもりの重さ」は何gにしますか。「糸の長さ」は何cmにしますか。(具体的に数値化する)
・「おもりの重さ」は50g,「糸の長さ」は50cmにします。
○今までの学習を思い出してください。同じ実験をすれば同じような結果となるかどうかを確かめるために、どのように実験しましたか。(再現性の保障・実験回数の確認)

(なかなか思い出せない時) ○植物の結実の実験をした時には1つの花だけで実験しましたか。電磁石の強さを計った時、1回だけの実験で

結果を出しましたか。
・班で1つずつ実験をしました。
・5回ずつ実験して平均を求めました。
○何回ずつ実験しますか。（具体的に回数を決める）
・5回ずつ実験して平均をとって比べます。
○そのように実験して，何を計ればいいですか。（測定量の確認）
・1往復する時間を計ります。ストップウォッチで計ります。
○ストップウォッチで計る時に，1往復では計りづらいので，10往復で計って，1往復の長さを計算しましょう。（計測方法の提示）あなたの仮説通りならば，このように実験をすると，どんな結果になるはずですか。（実験結果の予想・実験の見通しをもつ）
・おもりの振れ幅が10度・20度・30度と大きくなると，1往復する時間が（長くなる・短くなる・変わらない）はずです。

❻　指導上の工夫点

　1回目の実験計画では「授業の展開」のようにていねいに指導していく。2回目・3回目の実験を計画していく時には，児童の実態に即して「前回の実験計画を利用して考えていこう」と投げかけながら，教師の発問・指示を少しずつ減らし，身に付けた「条件を制御した実験を計画する能力」「定量的な実験を計画する能力」を活用できるようにしていきたい。

　また，同じように，実験方法を順序をよく・図を使ってかくことや，計画通りに正確に実験すること，実験結果の予想や実験結果を表で整理すること，表で整理した結果をグラフで表現することも，1回目はていねいに指導し，2回目以降は，1回目で身に付けた能力を活用しながら学習を進めていくことができるようにしたい。

5
総合的な学習の時間―クラゲを教室で飼う―

横浜市立大岡小学校教諭●鳥山　真

❶ 本事例の概要

　4年生の担任となった今年,総合の素材の1つとして学校の前を流れる大岡川を考えていた。大岡川は学校の前を流れている川で,河口から5kmほどの地点にもかかわらず汽水域（海水と淡水が混じり合う水域）である。そのため,時間によって川の深さや流れの変化が見られたり,様々な種類の生き物が観察できたりする。

　科学的な追究力や生物に親しむ心を身近な自然を通して育てたいと考えていた私は,大岡川の生き物に子どもたちの関心が向くことを期待していた。コイやカメ,ボラなどよく見られる生き物を学習材とすることも考えられるが,教材性について疑問を感じていた。

　そんなときにクラスの子どもが見つけてきた素材がクラゲである。学校の前を流れる大岡川は汽水域にあり,潮の干満の影響を受けて,特徴的な流れや生物の分布が見られる。クラゲの生態を追究していくことで,川の特徴に気付いたり,理科や社会科の学習内容との関連を図ったりすることができるのではないかと考えた。また,クラゲ自体を子どもはよく目にしてはいるが,その実,生態に関しては知らないことが多い。また,飼うことは決して簡単なことではないが,子どもたちがアイデアを生かしながら,生態について調べたり,実際に教室で飼ってみる過程で,問題解決の仕方を身に付けたり,クラゲに詳しい人とのかかわりをもったりすることも期待できると考えた。

　さらに,秋以降クラゲが捕獲できなくなる時期のことも考えて,水槽

作りの工夫をし，そして，ポリプから成体のクラゲを得るまでの活動につなげていくことも可能である。水槽作りをし，クラゲを育てていくことは簡単ではないが，工夫次第で不可能ではない。時には失敗することも容認しながら，子どもたちのアイデアで活動を進めていくことを大切に展開していこうと考えた。

❷ 本事例における活用の捉え方

本事例における活用の捉え方について2つの側面から考えていきたい。

1つ目は，単元で育てたい資質・能力の面からである。この単元では「科学的に追究する力を身に付ける」「生物や生命への関心の高まり」「身近な自然への関心の高まり」といった価値を通し，問題解決や思考・判断，表現，感性といった資質・能力が育つと分析した。

特に，科学的な追究力としては，解決の構想を立てて実験や観察によって問題解決を進めること，条件を整えて比較しながら追究していくこと，データをもとに説明することなどを重視していく。また，生物や生命への関心の高まりとしては，クラゲの特徴的な生態を追究する必要性から自然と身に付くであろうと考えた。さらに，日常的に大岡川の様子を見つめることを通して，地域にある身近な自然への関心も高まっていくと考えた。

これらの資質・能力は4年生の理科の学習とのかかわりが深く，総合の学習を進めることで，理科という教科で育てたい資質・能力の育ちが期待できる。

2つ目は，学習する必要感の面からである。総合の学習は，内容については教師に任される部分が大きい。子どもの興味・関心に沿って単元を作っていくとなると，当然子どもにとっては必要感のある学習となる。したがって，教科の内容を取り込むことができれば，教科の学習も必要

感をもって学習することができるとともに，後々，教科で学習した内容の必要性を改めて感じ，活用する力がつく。

本事例での教科の内容とのかかわりの例は次の通りである。

○理科とのかかわり
・クラゲを年間を通して観察したり飼育したりすることから，「動物の活動は，暖かい季節，寒い季節などによって違いがあること。」
・クラゲの水槽の水が減り，塩分の濃さに注意しなければならないことから，「水は水面や地面などから蒸発し，水蒸気になって空気中に含まれるとともに，結露して再び水になって現れることがあること。」

○算数科とのかかわり
　クラゲがよく見られる時間帯は，川の深さとのかかわりがあることから，「変化の様子を折れ線グラフに表したり，それから変化の特徴を読みとったりすること。」「資料を折れ線グラフに表したり，グラフから特徴や傾向を調べたりすること。」

クラゲの不思議を調べよう

○社会科とのかかわり
　クラゲが河口からかなりの距離である学校付近でも見られるという事実から，昔の埋め立てとのかかわりで，「地域の発展に尽くした先人の具体的事例。」

○国語科とのかかわり
・専門家に疑問点を尋ねる際に手紙を書くことから，「相手や目的に応じて適切に書くこと。」
・クラゲについて調べる際に出てくる難しい語句について調べることから，「表現したり理解したりするために必要な文字や語句について，辞書を利用して調べる方法を理解すること。」

第3章　活用力を育てる授業の実践例〈小学校〉

❸　単元の構成―クラゲの不思議を調べよう―（全 62 時間）

パート1：4－2クラゲなかま入り大作戦（24 時間）

○ミズクラゲの動きについて観察したり調べたりする。④
○ミズクラゲの捕獲の仕方について話し合う。③
○自分たちの考えた方法でミズクラゲを捕獲し，教室で飼い，観察する。⑤
○ミズクラゲの生態の特徴を調べ，教室での飼育方法の参考にする。④
○ミズクラゲの飼育の仕方について調べ，教室での飼育方法を工夫する。⑦
○観察したり調べたりしたことをまとめこれからの活動について話し合う。①

パート2：クラゲの水そう作りをしよう（20 時間）

○ミズクラゲを飼ってきた経験や調べてきたことをもとに，水そう作りのポイントについて話し合う。②
○どのような水そうにしたらよいか，アイデアを考える。②
○一人一人のアイデアをもとに，グループのアイデアを考える。②
○グループごとに，自分たちのアイデアを生かした水槽作りをする。⑤
○試作した水そうに水を入れ，実際に試運転して水の流れについて調べ，不具合を修正する。⑧（本時 5／8）
○学習してきたことについてまとめ，わかったことやできるようになったことなどを振り返る。①

パート3：4－2クラゲを育てよう（18 時間）

○クラゲを新たに手に入れるための方法について話し合う。①

○ポリプ（幼生）から成体にするための飼育のポイントについて確認したり，調べたりして理解する。② ○ポリプを変化させ，成体まで育てる。⑩	○今いるクラゲを育てていくために必要な仕事を考え，分担する。① ○それぞれの水そう作りと育て方のマニュアルを作る。③ ○世話を続けながら継続的な観察をする。（日常活動）

○学習してきたことについてまとめ，わかったことやできるようになったことなどを振り返る。①

❹ 本時の展開

〈**本時のねらい**〉 他のグループの水槽の様子を見たり，グループで試作した水槽を試運転したりして，クラゲが吸い込まれないようになっているか，また，回転する水流ができているかを話し合い，アイデアを修正し，よりよいものにすることができる。

〈**本時の展開**〉

> 水そうを動かしてよりよいものに直していこう

○　完成したグループの水槽を試運転し，水の流れを見てそのアイデアのよかったところや問題点について話し合う。

```
T：次のグループはどこですか。
C：ぼくたちはクリアーファイルがうまくつかなくて，この棒を使うといい
　 と聞いて使ったらうまくいきました。
C：すき間をなくしたほうがいいと思います。
C：クリアーファイルを長くすると良いと思います。
C：防水テープを使いすぎてクラゲに傷がつきそう。丁寧に貼るといいと思う。
C：クラゲがいるところが狭いので，広げたほうがいい。
```

○　問題を感じているグループの悩みについて検討し合うことを通し，よりよい水槽作りのための情報交換をする。

```
C：困っているから見てほしい。ゆっくり過ぎて回らない。
　 （試運転すると，試しの紙がゆっくり回って落ちてしまう）
T：ここの水槽は大きくてパワーが足りないようだけどどうしたらよいですか。
C：シャワーの部分の穴をふさいで，パワーを高めたらいいのでは。
C：大きいのは仕方ないから，クリアーファイルをぴんと張って，上に上げて
　 水流を調節すると良いと思います。
C：ぼくたちみたいにクリアーファイルのはじを，少し上げたほうがいい。
```

❺ 実践上の工夫点

　総合的な学習の時間の単元開発でまず難しいのは，単元の立ち上げである。本校では，学級ごとに単元開発を行うので，各担任は学級の子どもの実態を分析しておくことが大切である。子どもたちの関心事や資質・能力の育ち具合，学習の履歴などを十分につかむとともに，学年の教科の内容も考慮しておく必要がある。これらを把握しておきながら，子どもとの話し合いからきっかけをつかんだり，ときには意図的に素材に出合わせるなどしたりすることが考えられる。

　特に，教科の内容の把握が大切なのは，できるだけ総合的な学習の時間と教科との連携を図るためである。

　私が総合的な学習の時間と教科の連携にこだわる理由の1つは，時数の問題である。子どもが学習材にこだわり追究が深まってくると，多くの時数が必要になってくる。しかし，総合で使える時数は限られているし，これから時数が削減されるという現実もある。そこで，教科の内容を取り込み，その分追究に教科の時間をあてることができれば，この問題はある程度解消される。

　第二に，子どもたちの追究活動の中に，教科の内容やそこで培われた力を必要とする場面が必ずといってよいほど多く含まれているからである。総合の学習では，子どもが必要感をもって学習内容を習得していく場面が出てくる。そこで習得した内容を活用して，また追究活動を進めていくのである。つまり，教科から見れば，学習内容を習得する必要性をもたせてくれるのが総合であり，総合から見れば，子どもの探究を助けたり充実させたりするために教科の内容が必要になってくるということである。教科で培った内容や能力を総合で活用するという考えだけでなく，双方向でかかわり合うことができることを意識する必要がある。

第4章

活用力を育てる授業の実践例 〈中学校〉

1
国語科―実生活における読解力を身につけるために―

東京都立桜修館中等教育学校教諭●加々本裕紀

❶ 本事例の概要

　PISA調査における国際比較で日本の生徒の読解力や記述力に課題があることが言われて久しい。PISAの要求する読解力は，実社会で求められる力であると言われるが，その評価が低いということは従来型の学習だけではそのような読解力を養うことができなかったことの証しであろう。
　本校独自の設定科目「国語で論理を学ぶ（以下，国語論理と略称する）」では，そのような視点から，教科書以外の様々な文章や資料を読解し，自己の意見を構築する授業を展開している。本稿では，2年次における「新聞」を学習材に用いた実践例を紹介する。

❷ 本事例における活用の考え方

　本事例では，記者によって書かれた記事ではなく，一般の人から寄せられた投書欄を用いた。投書は，年齢，性別，職業，国籍など様々な立場の人によって書かれている。その点では記者が書いた記事とは違った視点で読むことができる。投書をした本人は客観的だと思っていても，分析しながら読解していくとその根拠はほとんどが主観であったり，国や文化や習慣によって価値観が違ったりすることがわかる。このような点から投書は決して整理された思考による文章ばかりではなく，むしろ反論の余地がたくさんあるものが多いといえる。そのような整理されていないものを整理し，自己の意見を論理的に組み立てる力こそがPISAの求める読解力であり，実社会において必要とされる力である。

もちろん論理的な読解や表現には，より適切で豊かな語彙力や表現力が不可欠である。その力を養うために，体系的に整理されている従来型のテキストによる学習も必要である。ただ，その力は実生活において活用されなければ意味を持たない。そこで活用する力の実践のために，実生活に近いところにある「新聞」を用いた学習を試みたのである。

❸　単元の構成─「新聞と向き合おう」年間15回〈1回＝45分×2コマ〉

第1・2・3回「新聞に親しもう」（4・5・6月）
○新聞記事をスクラップして，記事の要旨をまとめ，自分の意見を書く。（「主張」や「根拠」を正確に把握する）
○記事をクラス全員に説明し，記事に対する自分の意見を発表する。（相手を意識した「説明」をする。「根拠」を明らかにして意見を述べる）

第4・5・6回「メデイア・リテラシーを意識して新聞と向き合おう」（6・7月）
○複数の新聞社の同じ事象についての記事を読み比べ，報道の内容と根拠の信憑性から，報道する側の意図を考える。（情報をただ受け入れるのではなく，分析的に受け入れ，批判しながら読むことで，論理性を養う）
○班の中でディスカッションした内容をクラス全体で発表し，意見を述べ合う。（友達の考えを「根拠」を意識して聞き取り，それに対して自分の考えを「根拠」を明らかにして述べる）

第7・8・9・10回「投書を読んで自分の考えを構築し，表現しよう」
　※本時（9・10・11・12月）
○クリティカルシンキング（批判的思考，分析的思考）を意識して新聞広告や投書欄やコラムなどを読み込んで，さらに自分の意見を述べる。
○自分ならその投書や記事に賛成か反対か立場を明らかにして「根拠」

とともに自分の意見を述べる。
第11・12・13・14・15回「自分で課題を見つけ，考えを述べよう」
（12・1・2・3月）
○対立する意見があるような現実の問題について自分で意見文（投書）を書く。（賛成か反対かという立場と「根拠」を明らかにして書くこと，相手を意識して書くことを目標にする）

❹ 本時のねらい

①投書欄を用いて「情報の取り出し」「解釈」「熟考・評価」といったPISA型の読解を進める。
②クリティカルな視点で読解し，意見を述べ合い，討論する。

❺ 授業の展開

教材：読売新聞　　平成19年8月6日「気流」（投書欄）より

> 「ぶつかった時は謝るのがルール」　Sさん・14歳・中学生
> 　「すみません」。私は空港でぶつかった男性に謝った。しかし，その人は何も言わずに，さっさと搭乗ゲートに向かっていった。最近，こういう場面を見かけたり，体験したりすることが増えた。私は小さいころから，人にぶつかったら謝るのが当たり前と聞かされてきた。だから，人にぶつかっても謝らない人を見ると腹が立つ。私はアメリカに住んでいたことがある。そこではぶつかった時，相手は必ず謝ってくれた。といっても，アメリカは歩道が広いため，めったに人にぶつかったことがない。一方，日本は歩道が狭く，人にぶつかることがよくある。いつも謝っていると疲れる。そのうちに面倒くさくなって，結果的に人に謝らなくなるのだろうか。しかし，たとえ謝るのが面倒だったとしても，ぶつかった自分が悪いことに違いはない。人にぶつかったら謝り，相手に不快感を与えることのないようにしたいものだ。

発問

①空港でぶつかった男性はどこの国の人ですか。また，それはどこでわかりますか。(情報の取り出し)

どこの国か→日本人。(注：ただし，これについては懐疑的な意見も多数。筆者の思い込みという可能性も否定できないとの結論になった)

どこでわかるか→言葉。そのあとに「アメリカでの経験」を日本と比較して述べているから。など

②人にぶつかっても謝らない人を見るとなぜ腹が立つのですか。(解釈)

→小さい頃から人にぶつかったら謝るのが当たり前だと教えられてきたから。(注：この理由は，主体的ではないから適切ではないという意見が多かった)

③この投稿者の主張は何ですか。(熟考・評価)

→人にぶつかったら謝り，相手に不快感を与えないようにしたい(するべきだ)。

④「いつも謝っていると謝らなくなるのだろうか」とありますが，この考えに対して，あなたはどう考えますか。またそれはなぜですか。(熟考・評価)

→そうは思わない。「疲れる」「面倒」以外にも様々な理由が考えられるから。

⑤この投稿者の意見にあなたは賛成ですか。反対ですか。投書に書いてあることに触れてあなたの意見を書きなさい。(熟考・評価)

【賛成派】(一部賛成派が多数)

・結論には賛成。だが，この文章の主張の仕方には反対だ。まず「謝る」という理由付けが適切ではない。次に，「いつも謝っていると疲れる」という理由は適切ではない。3つめは，「日本人全般」をひとくくりにしている点で，主張の仕方には賛成できない。

・嫌な思いをさせた人の不快感を取り去るのは，「謝る」行為以外にはな

い。人間の気持ちを変えるには言葉や態度で「伝えること」が必要だから。
・ほぼ賛成だが，ぶつかったからといってどちらかに非があるとは限らないが，たとえ自分が悪くなくても謝ることで互いの不快感が減ると思う。

【反対派】
・謝るのが当然だというのは，筆者の経験上の話であって根拠が弱い。
・「アメリカの人は」といっても，筆者が経験した一部の経験の中でのアメリカ人でしかないから，一般化してくくるのは妥当ではない。
・意見を主張するための理由付けが，全体的に自分自身の経験の中だけの考えで，説得力がない。
・不快感を与えないためと筆者は言っているが，自分自身の許容範囲が狭いから不快感と言っているのではないか。相手はぶつかったことに何にも感じていないのではないか。
・「たとえ面倒でも謝るようにしたいものだ」という文から，謝るのは「面倒だ」という決めつけを感じる。謝るときは，心から謝らないと意味がないと思う。
・謝ることは大切だし礼儀である。と私は日本人だから思うが，この感覚は，国や文化，それまで育ってきた環境などで違ってくることもある。だから，「謝ることが当然だ」と結論づける以前に，それらの要素を論じる必要がある。(注:このような意見が出てきたことをきっかけに，次時からは，筆者の立場なども念頭において読解や議論を進めていくことで，さらに視野が広がることが期待される)

❻ 実践上の工夫点

今回，投書欄を論理的かつクリティカルに読むことに加え，自分の考

えを，根拠を明らかにして述べるという授業を行なった。自分の考えを述べるにあたって，質問に対する友達の考えをしっかり聞き，それに対しても自分の考えを「賛成」か「反対」かの立場で，はっきり述べることに重点を置いた。これは，投書欄という顔も知らない投稿者に対してよりも，普段同調することが多い身近なクラスメートの意見に対して自分の意見を述べることで「議論とはどう行なうべきか」「真の論理とは何か」を自覚できると考えたからである。また，人の話に対して考えを述べるためには，相手の主張や論理の組み立てを理解しないとできないことを身をもって感じてもらうためでもある。

　今回の目標は日頃の学習で培った知識や思考力を実生活でいかに活用するかであったが，生徒は「自分の言いたいことが言葉にできない」「説得力のある言葉や表現が思いつかない」といった苦しみを味わい，従来の国語の学習の仕方に懐疑的な視点を持ったように見受けられる。

　また，注意すべき点もいくつかある。今回のような下調べなしの議論は，本人の自由な論理展開を引き出し，生徒の意欲を高めるには効果的であるが，ともすれば間違った基準の論理が表面上説得力をもって展開されてしまう危険性があるということだ。

　今後は，さらに根拠を厳密にして論理を組み立てる必要のあるディベートや小論文を積極的に取り入れていく見通しである。ディベートにしても，小論文にしても相手に対して説得力を出すためには，結論を裏付ける根拠が重要である。生徒たちには，根拠の是非についての問題意識をもってさまざまな文章に向き合ってほしい。実生活での言語表現や，思考の基本に国語の学習があることを自覚させ，活用する力と意欲の向上を図っていきたい。

2

社会科―裁判とは何か―

筑波大学附属中学校教諭●館　潤二

❶ 本事例の概要と「活用」の捉え方

　裁判員制度が平成21年度から始まる。中学校社会科公民的分野における裁判の学習が、どの程度実際に活用できるものなのかが問われることにもなりそうである。

　これまでの裁判の学習では、おもに「裁判のしくみ」「裁判の種類と内容」「裁判所のはたらき」が取り上げられてきた。そこでの学習事項は次のようにまとめられる。

1　裁判所のしくみ	2　裁判の種類と内容	3　裁判所のはたらき
・裁判所，裁判 ・三審制 ・最高裁判所・高等裁判所，地方裁判所 ・控訴，上告	・民事裁判 ・原告，被告 ・刑事裁判 ・検察官 ・被告人，弁護人	・司法権の独立 ・弾劾裁判所 ・違憲審査権 ・「憲法の番人」

　社会科の地理・歴史・公民的分野のなかで、具体性を欠く授業になりがちなのが公民的分野の学習であると言われる。それは、公民的分野の学習が、基本的には抽象概念の理解であるからである。上記の内容をただ用語の説明だけに徹するのであれば、極端な話、1時間もあればすべての授業を終わらせることもできる。

　例えば「裁判所のしくみ」であるならば、「裁判を行うところが裁判所であり、裁判所には最高裁判所，高等裁判所，地方裁判所などがある。

裁判の判決に不服な場合，第一審から第三審まで三回の審理を受けることができ，第一審から第二審に訴えることを控訴，第二審から第三審に訴えることを上告という……」などと説明をし，板書をするのである。

「裁判の種類と内容」や「裁判のはたらき」についても同様である。このような説明に加えて，図式化したものを黒板やプリントで整理し，裁判員制度の説明をすれば「万全」であり，これらを暗記し，テストで答えられれば「完璧」である。しかし，このような学習で，裁判の学習内容を「習得」したと言えるのだろうか。私はこのような学習を「骨と皮」だけの学習と呼んでいる。この「骨」には「肉」が付いておらず，この「皮膚」の下には「血」が流れていないのである。

社会科公民的分野の学習対象はあくまで現代社会である。そこで学ぶべきは，「生身」の人間が額に汗しながら営んでいる様々な活動を，集団として，社会として捉え，そこから集団や社会のしくみとはたらきを抽出することであるはずだ。

この抽出されたしくみとはたらきがまとめられているのが教科書である。ただし，教科書にまとめられた「しくみとはたらき」は未だ「骨と皮」でしかない。この整理された教科書の内容に「肉付け」をし，「血」を流し，「人間の営み」として生徒に学ばせなければ，学習で得られたことがらを「活用」することなど不可能である。「教科書を学ぶのではなく，教科書で学ぶ」必要がある。

❷ 単元の構成と授業のねらい

「習得」した知識や技能を「活用」するということは，「習得」した知識や技能を通して「課題」を解決できるということである。したがって，このような「習得」を可能にするためには，「習得」のための学習自体が「課題」を解決していく過程をたどるような学習活動でなくてはならない。

そして、その「課題」はその単元の中心概念に関わるような根本的な問いであり、「習得」されるべき知識や技能が羅列的ではなく、構造的に把握されるようなものでなくてはならない。

次	学習主題	授業のねらい
1	裁判とは何か （2時間）	裁判は紛争を公正に解決するものであること、裁判には刑事裁判と民事裁判とがあり、三審制で行われていることを理解させる。
2	裁判所はなぜ必要なのか （2時間）	裁判は紛争を解決することで人権を守り、社会の秩序を維持するものであり、国会や内閣に対して独立した権限を持ち、「憲法の番人」としての役割を果たしていることを理解させる。

❸ 「裁判とは何か」の授業

　基本的には抽象概念の学習である公民的分野において、知識の獲得は現実社会との関連性のなかで行わなくてはならない。それは、知識の「習得」自体が「活用」を通して、それも「課題」を解決するなかで行われるということに他ならない。裁判の学習においては、実際の裁判という「人間の営み」を通して、まず「裁判とは何か」という学習課題を追究させることが必要である。

　次頁の資料は、実際の裁判例をしっかりと読ませることで、裁判の「輪郭」を明らかにするために作成されたワークシートである。

　この4つの裁判例について、まず生徒から疑問点を出させる。「業務上過失致死罪」「上告」「禁固」「執行猶予」「控訴」「損害賠償」「慰謝料」「棄却」「和解」などの裁判用語に対する質問や、「血友病」「非加熱製剤」

① （　**刑事**　）裁判
千葉県で起きた□□モーター会長宅で家族が襲われた事件など，3件の強盗殺人事件で計4人を殺害したとして，強盗殺人などの罪に問われた○○被告の判決が，千葉地方裁判所であった。△△裁判長は，○○被告に死刑判決を下した。

裁判所名：**千葉地方裁判所**	判決：**死刑**
訴えた人：**検察官**	訴えられた人：**○○被告**

② （　**刑事**　）裁判
エイズウィルス（HIV）に汚染された非加熱製剤の回収措置などを怠り，血友病患者ら2人を感染，死亡させたとして，2件の業務上過失致死罪に問われた元厚生省生物製剤課長の○○被告の訴訟の上告審判決が，最高裁判所で言い渡された。○○裁判長は，HIVウィルスに汚染された非加熱濃縮血液製剤について，回収を命じるなど適切な措置を執らなかった結果，患者を死亡させた過失責任を認め，上告棄却の決定を下した。これで1，2審の禁固1年執行猶予2年の有罪判決が確定した。

裁判所名：**最高裁判所**	判決：**上告棄却，禁固1年執行猶予2年**
訴えた人：**検察官**	訴えられた人：**元厚生省生物製剤課長**

③ （　**民事**　）裁判
芥川賞作家の柳美里さんのデビュー小説「石に泳ぐ魚」をめぐって，柳さんの知人の30歳代の女性が「登場人物のモデルとして自分の個人情報が公表されており，プライバシーを侵害している」として，柳さんや同小説を文芸誌「○○」に掲載した△△社らを相手に，出版差し止めや損害賠償などを求めた訴訟の控訴審判決が，東京高等裁判所で言い渡された。□□裁判長は，出版物への掲載や書籍の出版などによる同小説の公表を禁じ，総額130万円の慰謝料の支払いを柳さん側に命じた一審・東京地方裁判所判決を支持し，柳さん側の控訴を棄却した。

裁判所名：**東京高等裁判所**	判決：**出版差し止め，130万円の慰謝料の支払い**
訴えた人：**柳さんの知人の女性**	訴えられた人：**柳さんと△△社**

④ （　**行政**　）裁判
ハンセン病患者に対する隔離政策をめぐり，元患者らが国に賠償や謝罪を求めたハンセン病東京訴訟で，659人のうち486人について国との和解が東京地方裁判所（○○裁判長）で成立した。国が隔離政策を謝罪するとともに，原告たちの療養所入所期間に応じて1400〜800万円の一時金を支払うというものであった。

裁判所名：**東京地方裁判所**	判決：**和解**
訴えた人：**ハンセン病元患者**	訴えられた人：**国**

「ハンセン病」「隔離政策」などの内容に関する疑問が出されると思われる。それらを一緒に考え，教師と生徒との応答によって質問・疑問への答えを出した後，裁判所名，判決内容，訴えた人と訴えられた人をそれぞれ記入させ，これらの共通点と相違点を明らかにさせながら，次の点をつかませる。

(1) ①〜④の裁判所名からは，裁判所には，地方裁判所，高等裁判所，最高裁判所などの種類があること。
(2) 判決内容からは，①と②とでは刑罰に関わる判決が下されているのに対し，③と④とでは刑罰が下されずに，訴えた人と訴えられた人のどちらが正しいかが争われたり，場合によっては和解があること。
(3) 「訴えた人」と「訴えられた人」からは，①と②とでは訴えた人が書かれていないのに対し，③と④とでは，両者が明確に書かれていること。
(4) すべての裁判に共通して裁判長の判断や働きかけがあること。

これらの共通点と相違点が明らかにできれば，後は教師から次のような説明を行う必要がある。

(1) ①と②の裁判において，訴えた人は「検察官」であり，被害者に代わって裁判を起こしていること。
(2) 有罪・無罪を含め，刑罰が判決として下されていることから，①と②の裁判は刑事裁判であること。
(3) 刑事裁判における弁護人（弁護士）の役割。
(4) ③と④の裁判については，訴えた人と訴えられた人のどちらが正しいかが争われていること，事例によっては「白黒をつける」のではなく，両者の了解のもとで「和解」することができること。
(5) ③と④の裁判を民事裁判ということ。

(6) 民事裁判において，訴えられた人が国（政府）の場合を行政裁判（訴訟）ということ。
(7) 民事裁判における代理人（弁護士）の役割。

　このように，ようやく裁判の「輪郭」がはっきりしてきたところで，根本的な「課題（問い）」が投げかけられなくてはならない。それが「裁判とは何か」という学習課題である。この課題に答えるには，これらの裁判に共通することがらを明らかにすることが必要である。
　①〜④の裁判に共通することは，訴えた人と訴えられた人がいること，そして，両者の争いに関して，裁判官（裁判長）が最終的な判断を行っているということである。争われていることは，民事裁判においては個人間（私人間）の権利に関わることであり，刑事裁判においては人が罪を犯したかどうか（有罪か無罪か），有罪ならばどのような刑罰が適当であるかどうかである。つまり，裁判とは，訴えた人と訴えられた人の争いを，第三者である裁判官が法律と良心に基づいて公正に解決することなのである。
　民事裁判は，基本的には対等な個人間の争いであり，両者が納得するならば和解もあり得るし，和解しなければ，どちらの主張がより正当か，どちらの権利がより尊重されるべきかが裁判長によって判断される。
　刑事裁判は，訴える人は法務省に属する検察官であり，社会の安全と秩序を守るために，犯罪を予防する目的で，社会を代表し被疑者を起訴し，被告人の有罪を立証し，刑罰を求刑するのである。その際，誤って有罪になったり，不当な刑罰が科せられることのないように，被疑者や被告人の権利が尊重され，「推定無罪」や「疑わしきは被告人の利益に」が原則になっているし，必ず弁護人が付くのである。また，裁判が公正で慎重に行われるように三審制が採用されているのである。

❹ 「裁判所はなぜ必要なのか」の授業

　この単元では,「司法権の独立,違憲審査権,憲法の番人」などが学習事項である。授業は,生徒に裁判官になったつもりで民事裁判の判決をさせるものであり,次頁に挙げる事例に関して,日本国憲法の基本的人権に関わる条文をもとに,原告と被告のどちらの言い分が正しいか,自分なりの判決を出させるとともに,小グループごとに話し合い,グループとしての結論を出させるものである。

　生徒はこれらの事例が憲法のどの条文に関連するかを考え,話し合う中で,事例1では憲法第22条の「職業選択の自由」が,事例2では憲法第14条の「法の下の平等」が,そして事例3では憲法第26条の「教育を受ける権利」が争われることに気付くことになる。

　ここでは,生徒の下す判決の内容の是非を問うのではなく,判決が憲法(法律)に基づいて行われることを理解させるとともに,同じ条文をもとにしても最終的な判断が異なることがあり得ることに気付かせることが大切である。(このことが専門家ではない国民が司法に参加する裁判員制度導入の意義のひとつであると思われる。)

　そして,裁判所は法律などが憲法に違反していないかどうかを審査するという重要な役割を与えられ,公平な裁判を通して人々の基本的人権を守っていること,したがって裁判所は,いわば,「憲法の番人」として,国会や内閣から独立し,どこからも影響を受けずに(「司法権の独立」),憲法を守る役割を果たしていることを理解させることができるのである。

事例1　広島県の会社が，医薬品の販売業を行おうとして，その許可を広島県知事に申請したが，薬事法に基づく距離制限に違反するという理由で不許可にされた。そこで，この会社はこの距離制限は，憲法が保障する営業の自由に反すると裁判をおこし，最高裁判所に営業を不許可にした処分の取り消しを求めた。
あなたの判決：日本国憲法第（　22　）条に基づいて，
（　生徒一人一人が独自の判断をする。　　　　　　　　　　　　　　）

事例2　東京都のある信用金庫に勤めていた女性職員が，男性が勤めた年数にしたがってほぼ昇格・昇進していくのに対し，女性は補助的な仕事ばかりをさせられ，昇格・昇進も男性と比べて著しく遅れていたことに対し，「女性であることを理由に，昇格・昇進について差別された」として，信用金庫を相手どって，東京地方裁判所に提訴した。
あなたの判決：日本国憲法第（　14　）条に基づいて，
（　生徒一人一人が独自の判断をする。　　　　　　　　　　　　　　）

事例3　T君は4歳のときに筋ジストロフィーにかかり，小学校4年から車いすでの生活を送るようになった。優秀な成績で小中学校を卒業したT君は家に近い市立高校の入学試験を受け，上位10％に入る成績であったが，合否判定委員会は「3年間の全課程を履修できる見込みがない」と不合格とした。このためT君は「障害を理由にする入学不許可は不当」であると大阪地方裁判所に提訴した。
あなたの判決：日本国憲法第（　26　）条に基づいて，
（　生徒一人一人が独自の判断をする。　　　　　　　　　　　　　　）

3 数学科―三平方の定理の利用―

大阪教育大学附属池田中学校教諭●上原昭三

❶ 本事例における活用の捉え方

　本稿では「折り紙による作図」を取り上げる。これは，紙を折るというだけの作業で，平方根を作る，正方形の一辺の三等分点を見つけるというものである。ほとんどの子どもが経験のある折り紙を扱うこと，意外性のあること，その証明が適度な難易度であることなどから，生徒の興味・関心を引きやすい題材だと考えられる。

　この授業は，制限された規則（①折り目は直線となる。②ぴったり重なった線分の長さ，角の大きさは等しい）に基づいて，図形の成立条件やすでに学んだ（証明した）法則を活用して，与えられた課題（図形）を解決しようというものである。折り紙に限らず，こういった作図を題材とした学習は，図形の知識技能を定着させ，既習事項の活用能力（数学的な見方・考え方）を伸長するのに非常に効果的であると思う。一見，簡単そうに見え，直感的に方法が見通せるが，その理由を整理して表現しようとすると手こずる，つまり「学習した定義や定理などをいくつも記憶の中から取り出して整理して組み立てる」そんな作業が待っているわけである。まったく手も足も出ないわけでないが，考えないといけないし，ちょっとだけ難しい「飽きない授業」になることが期待できる。

❷ 指導計画 「三平方の定理の利用」（全6時間）

①平面図形への利用……………………………………………… 2時間
②空間図形への利用……………………………………………… 2時間

③単元別テスト……………………………………………… 1時間
④課題学習「紙を折って作図をしよう！」（※本時）………… 1時間

❸ 展開例

(1) 目　標　　三平方の定理をはじめ既習事項を活用して，折り紙で作図を行うことができる。また，それを論理的に証明することができる。

(2) 授業の流れ

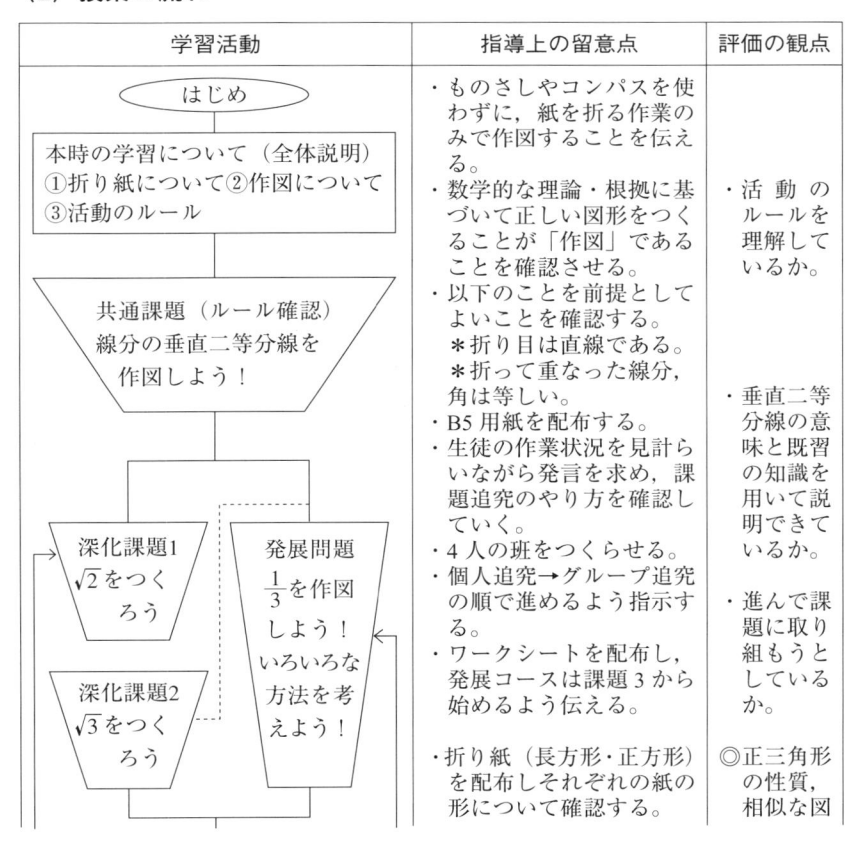

学習活動	指導上の留意点	評価の観点
はじめ 本時の学習について（全体説明） ①折り紙について ②作図について ③活動のルール ↓ 共通課題（ルール確認） 線分の垂直二等分線を作図しよう！ ↓ 深化課題1　　発展問題 $\sqrt{2}$をつく　　$\frac{1}{3}$を作図 ろう　　　　しよう！ 　　　　　　いろいろな 深化課題2　　方法を考 $\sqrt{3}$をつく　　えよう！ ろう	・ものさしやコンパスを使わずに，紙を折る作業のみで作図することを伝える。 ・数学的な理論・根拠に基づいて正しい図形をつくることが「作図」であることを確認させる。 ・以下のことを前提としてよいことを確認する。 　＊折り目は直線である。 　＊折って重なった線分，角は等しい。 ・B5用紙を配布する。 ・生徒の作業状況を見計らいながら発言を求め，課題追究のやり方を確認していく。 ・4人の班をつくらせる。 ・個人追究→グループ追究の順で進めるよう指示する。 ・ワークシートを配布し，発展コースは課題3から始めるよう伝える。 ・折り紙（長方形・正方形）を配布しそれぞれの紙の形について確認する。	・活動のルールを理解しているか。 ・垂直二等分線の意味と既習の知識を用いて説明できているか。 ・進んで課題に取り組もうとしているか。 ◎正三角形の性質，相似な図

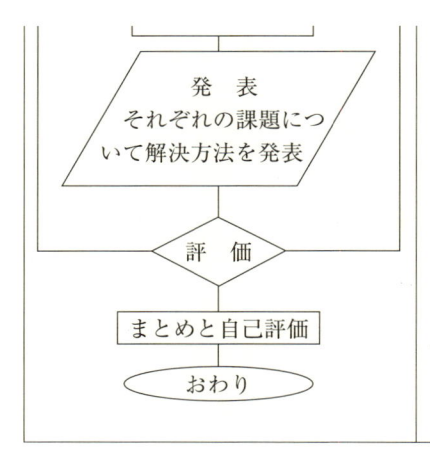

```
                  ┌─────────────────┐
                  │    発  表       │
                  │ それぞれの課題に │
                  │ ついて解決方法を発表│
                  └────────┬────────┘
                           │
                        ◇ 評 価 ◇
                           │
                  ┌────────┴────────┐
                  │ まとめと自己評価 │
                  └────────┬────────┘
                         ( おわり )
```

・発展課題（課題3）については，違ったいくつかの方法を追究するよう促す。

・机間指導をし，ヒントを与えたり，質問を投げかけるなど追究が深まるよう支援する。

・課題ごとに，解決している班をいくつか指名し，全体に説明させる。

・本時の学習をまとめ，また，自己評価をするよう指示する。

形の性質などを用いて，作図の方法を見出し，説明することができているか。(取り組みの様子，ワークシート)

❹ 深化課題 1 — $\sqrt{2}$ をつくろう

　この課題は，どちらかといえば，「折り紙を使った作図」の活動のルール，やり方を確認するための導入的なものである。生徒はすでに平方根の学習をすませていることもあり，正方形（図1）をつくればよいことにはすぐ気づくと思われる。

　むしろここでは，正方形をつくったときの説明（正方形になっていることの根拠）を考えることが大切と

> なぜ，正方形ができたのかな？縦と横が同じだけでは正方形とは言えないよ！

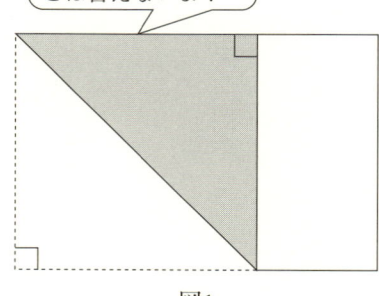

図1

なる。上図のように斜めに折ってつくる生徒がほとんどであるが，正方形の定義に照らし合わせて検証しようとすると少し詰まる。長さだけでなく，縦・横の長さと隣り合う内角の大きさなど，2年生で学習したことを根拠に証明できないといけないわけである。

❺ 深化課題2—$\sqrt{3}$をつくろう

　60°，30°，90°の直角三角形をつくればよいのであるが，$\sqrt{3}$と直角三角形の辺，この直角三角形と正三角形の関連，正三角形と二等辺三角形のつながりなどを整理して捉え，それを作図（紙を折る操作）に結びつけなければならない。それには，少し考える時間が必要かと思う。この課題は，その意味で授業の本題へつなげるための「肩慣らし」のようなものになっている。例えば，図2の方法の場合，

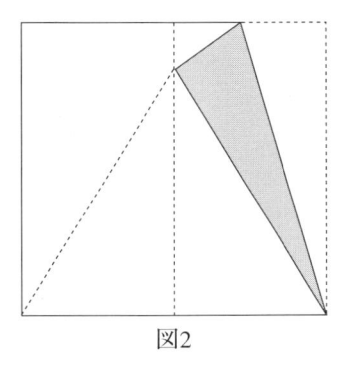

図2

- 「正三角形」→「3つの辺が等しい」「1つの内角が60°」
- 「3つの辺が等しい」→「正三角形は二等辺三角形」
- 「二等辺三角形」→「頂角の二等分線は底辺を垂直二等分する」

などの情報が必要であり，それを整理しておかなければ，折り方も証明も見つけられないはずである。

❻ 発展課題—$\frac{1}{3}$を作図しよう

　次頁の図3は最もシンプルな方法であるが，生徒にとっては以外と見つけにくいのではないかと思われる。決まった幅ではなく適当に同じ幅に3回折るというのは，決まった量で，決まった定義・定理で……という通常の数学的な処理に慣れてしまった生徒にとって（特に「与えられた問題を解く」ということを中心とした練習・演習のみを学習と捉えていると）気がつかない「目からうろこ」的方法のようである。

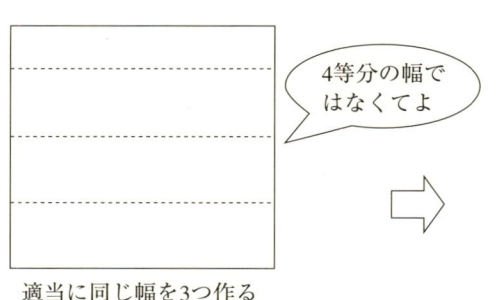

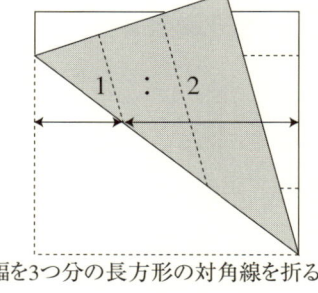

適当に同じ幅を3つ作る　図3　幅を3つ分の長方形の対角線を折る

「4等分の幅ではなくてよ」

図3中：1 : 2

右の図4は，三角形の重心を利用する方法である。「3等分とはどうすること？」という問いに対して「2：1に分ける」という反応になるのであるが，「2：1」というキーワードから，何人かの生徒は「重心」を連想するようだ。そこで，「重心が2本の中線の交点である」ことにたどり着くと，図のような方法に気づくということになる。三角形のつくり方，中線の引き方も1通りではないので，できるだけ簡明な（手順が少ない）ものを追究させ，やり方を交流させるのも面白い。

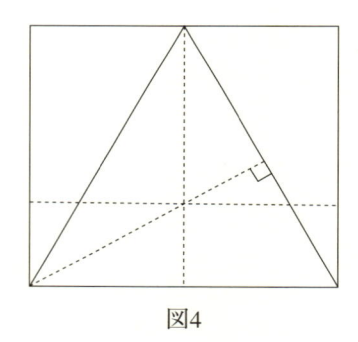

図4

　右の図5は，いわば基本に忠実な方法といえる。$\frac{1}{3}$から3：1を紙の上に素直に表現しようとする考え方である。

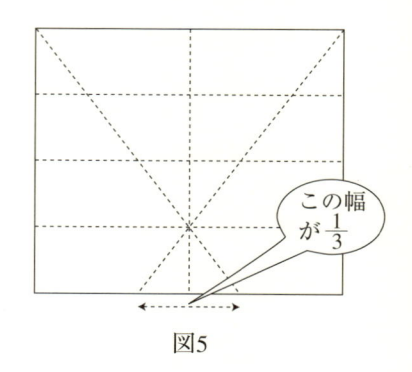

「この幅が$\frac{1}{3}$」

図5

もちろん他の方法に比べ手間がかかる上，開いたときに無駄な線（折り目）が多いので，最初にこの方法を発見した生徒には，他の方法にも挑

戦させたい。

おそらく、生徒が見つけた中でいちばん手間の少ない方法は、右の図6の方法であろう。鮮やかではあるが、先に折り目（線分）がイメージできないと難しいのではないだろうか。

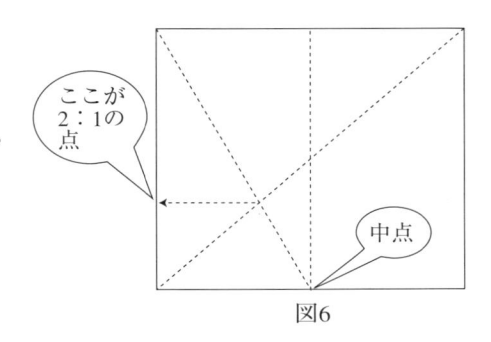

その分、発見したときの達成感も大きいようである。理論先行の方法であり、実際に折らずに発見する場合もある。

図6

ここが2：1の点

中点

❼ 指導上の工夫——実践から

課題の取り組みに際して、よく小集団を利用することが多いかと思われる。そのときの小集団の編成は、習熟度や得手の状況が近いメンバーで組むのも面白い。この実践でも、単元別評価（単元別テストなど）の結果をもとに深化（ゆっくり取り組むコース）と発展（いろいろな方法を追究するコース）を選択させ、4人グループで協同解決の場面を設定した。発想が近いもの同士ということもあったのか、話し合いは活発に行われ、それぞれが遠慮せず自分の論理を披露する様子がうかがえた。

また、課題の解決状況も、以前同じ課題学習を提示（以前の生徒）したときに比べても早く、いろいろな方法が発見（課題「$\frac{1}{3}$を作図しよう！」）されていたようである。特に深化コースの生徒たちの取り組みが積極的であり、発展コースのグループ以上の速さで課題を解決するグループも多々見られた。とりわけ発展コースのどのグループも発見できなかった「重心」を利用した方法が、深化コースのグループから見出されたことが印象的であった。

4 理科─空気中の水蒸気の変化─

広島大学附属福山中・高等学校教諭●平賀博之

❶ 理科における活用力を育む実践の概要

　ここでは活用力を育む実践例として，中学校理科2分野「天気とその変化」の事例を取り上げる。実験や考察の方法を工夫し，時間を十分に与えてじっくり取り組む活動を行った。また，生活と結びついた内容を科学的な用語や学習内容を用いて記述させることで活用力を評価した。

❷ 理科の授業で活用力をどのように育むか

　現代の生徒たちは，反射的に答えの出るような問いには強いが，思考を重ねて答えを導いたり，答えのない問いを考え抜こうとする気持ちが薄らいでいる。そのため科学の「考える楽しさ」を味わうことができずにいると感じる。理科における「活用力」とは，「生活の中での事象に科学的な課題を見つけ，その事象を科学的に説明し，それに基づいて解決していく能力」と捉える。「じっくりと思考する」ことを保障した展開は，「そうだったのか」という体験を経て，身近な事象に理科の学習で獲得した能力を適用していく「活用力」を育む第一歩となると考えた。
　さらに活用力を育むための授業改善の方策として，次の(1)～(7)が重要だと考える。これらをカリキュラム(授業計画)に盛り込み，教師がそれを意識して授業を行うことが，活用力を育むことにつながると考えた。
　(1) 個々の生徒にじっくり考えさせる。じっくり作業等をさせる
　(2) 生徒の思考の過程を重視した実験の工夫や，指導方法の改善
　(3) 科学的な用語を，自分の言葉で表現した文章を書かせる

(4) 多様な情報を収集し，資料に基づいて討論させる
(5) 生活と結びついた内容について考察させる
(6) 科学的な根拠に基づいて，自分の意見を形成させる
(7) 生徒に課題そのものを設定させ，まとめさせる

❸ 授業の構成

以下では，中学校理科2分野「天気とその変化」の単元の中の，飽和水蒸気量や湿度を扱う「空気中の水蒸気の変化」の節で行った実践を紹介する。3時間扱いで，下に示した展開で授業を実施した。

第1時では，空気中の水蒸気が冷却されることで水滴に変わる現象を実験で確認し，露点について学ぶ。第2時は，金属製のコップを使って

◇水蒸気が水に変化するのはどのようなときか：3時間

時	学習活動
1	・霧や露はどのようなときどのような場所で生じるか，また，霧や露が消えるのはどのようなときか，考える。 ・空気中の水蒸気がどのようなときに水滴になるか実験によって調べる。 ・露点について学ぶ。　＜課題：露点を自分の言葉で説明してみよう＞
2	・露点を測定する実験を行う。 ・班によって測定結果が異なる原因を考察する。 ・露点を正確に測定するためには，どのような工夫が必要か考える。
3	・もう一度露点を測定する実験を行う。 ・気温が下がっていったときの水蒸気の変化について，飽和水蒸気量や湿度，露点との関係について考える。 ・洗濯物の乾き方と湿度の関係について考える。 　　＜課題：洗濯物が乾きやすいのはどっち＞

露点の測定を行う。この際，グループごとの測定結果を教師の測定結果と比較させ，どのように実験を工夫すれば，真の値に近い値を得ることができるか考察させる。第3時では，第2時の考察をもとに再度露点の測定を行う。また飽和水蒸気量や露点の概念を基に，水が蒸発して水蒸気になったり，水蒸気が凝結して水滴になる現象を，湿度の計算などの内容も含めて扱う。

金属製のコップを使って露点を測定する

❹ 授業のねらいと展開

　普段，定性的に扱うことの多い露点測定の実験を，測定値にこだわってじっくり思考させ，それをもとに工夫して測定を行うことで，生徒を測定に熱中させ，深く思考するきっかけを与えることをねらいとした。

　露点の測定では，測定方法を細かく指示しなければ，測定誤差が大きい。教師による測定値が21℃であったときに，生徒10グループの測定値は，下表のようにばらついた。同じ教室内で測定した露点なので，実際には真の値が複数あるとは考えられないので，これらの測定値のばらつきは測定誤差や測定ミスによるものだと考えられる。

露点の測定値のばらつき

教師	生徒のグループ番号（測定値の低い順）									
	1	2	3	4	5	6	7	8	9	10
21℃	16℃	18℃	18℃	19℃	20℃	21℃	22℃	24℃	25℃	25℃

　次に，なぜ誤差が生じたのか，その原因を追及させた。その際，測定の明らかな失敗を記録し，誤差が生じた理由とともに，その理由によって予想される誤差は，真の値より高くなるか低くなるかを考えさせた。各グループでの討議後，考察を次のようにまとめることができた。

考察のまとめ

理　　由	予想される誤差
①氷水を入れる量が多すぎた。→急激に温度が下がったため、温度計が反応できなかった。	高くなる
②金属コップに息がかかった。	高くなる
③氷水を入れたらくもった。→よく混ぜるとくもりが消えた。（まだ露点に達していなかったのに温度を測った。）	高くなる
④氷が金属コップに落ちたため、温度計を見るのを怠った。（いつの間にか温度が下がっていた。）	低くなる
⑤金属コップの表面の水滴が大きくなってから温度を測った。	低くなる

　①では「少しずつ氷水を入れる」ことが、正確な測定のコツであることを確認した。③は、金属コップ表面のくもりの付き方をよく観察しており、本当にそのようになるか、次回の測定のときに全グループで確認することにした。④は実験中の失敗による慌てぶりがよく表れている。

　第3時ではこの考察を受けて、細心の注意をはらいながら測定を行い、精度の高い測定値を得ることができた。思考を通して知識を活用し、課題を解決する体験ができたと捉えている。

　このようにじっくり思考し深く理解することが、科学的な事象を生活の中で見抜き、学習の成果を活用する力につながると期待する。しかし、この実践において、本当に「活用力」を高めることができたかを評価することは容易ではないと感じている。

❺ 活用力を評価する

　活用力が身に付いているかどうかを測ることは容易ではないが、第3時の最後に、身近な現象について科学的な用語や学習の中で身に付けた

考え方をもとに説明させる評価問題を作成し，評価基準（ルーブリック）を準備してそれに基づいて生徒の記述を評価する方法で，活用力を評価することを試みた。課題は，「ある冬の日の昼間（気温10℃，湿度50%）と，夏の夕方（気温26℃，湿度70%）に，直射日光の当たらないところに洗濯物を干したとすると，乾くのが早いのはどちらか？」である。この課題を評価するためのルーブリックを次に示す。

> S：期待する思考活動以上に，何かプラスαが見られる
> A：飽和に達するまでの水蒸気量について，計算に基づいて論述している
> B：湿度や水蒸気量に関する計算はできているが，論述が不十分
> C：科学的な論述になっていない，または未記入

　ルーブリックにしたがって生徒の提出した課題を評価した結果は，41名中37名が提出し，S：2名，A：16名，B：13名（うち，B′：3名），C：6名であった。Bについては，計算はしているが数値等にまちがいがあるもの3名をB′とした。生徒の記述例を次頁に示す。

　この課題は，授業で学んだ用語や内容を使って，洗濯物が乾く様子を考察させる。身近な現象を科学的に説明ができるかどうかで，活用力を評価していると考える。BおよびB′とした13名については，次頁の例のように，文章を使って説明することが不十分で，式で計算結果を表し，その結果のみを答えているものが多い。普段から，小単元の区切りなど3〜4時間に1度の割合で，授業最後の5分程度で，それまでの内容に関わる用語を，自分の言葉で説明させている。その際は，身近な生活と関わりのある内容を中心に扱っているが，書くことに興味を示さない生徒や，書いてもほんのひと言で終わってしまう生徒もいる。こうした評価をもとに，個々の生徒に単純な知識だけでなく，活用すること・表現することの大切さを説いていくことも重要であろう。

生徒の記述例

◯ S の解答
・冬の日の昼は，9.4 × 0.5 = 4.7 なので，あと 4.7g ／ m^3 の蒸発できる余裕がある。夏の日の夕方は，24.4 × 0.7 = 17.08 なので，あと 7.3g ／ m^3 の余裕がある。しかし，夏の日は夕方なので，この後気温が下がるのに対し，冬の日は昼間なので，あまり気温は下がらないので，冬の日の方が乾くのが早い。

◯ A の解答
・夏の夕方：夏の夕方は，気温26℃で，冬の日の昼間は気温10℃で，夏の夕方の方が気温が高い。次に湿度を考えてみると，10℃のときの飽和水蒸気量は 9.4g ／ m^3，湿度が50%なので，1m^3 中には 5.35g の水蒸気がある。そのため残っているスペースは 5.35g ／ m^3。26℃のときの飽和水蒸気量は 24.4g ／ m^3，湿度が70%なので，1m^3 中には 17.08g の水蒸気がある。そのため残っているスペースは 7.3g ／ m^3。ゆえに夏の夕方のほうが，1m^3 中に含むことができる水蒸気の量が多いことになる。この結果から，夏の夕方のほうが，洗濯物が乾くのが早いと思う。

◯ B の解答

10℃ → 9.4 g/m^3（飽和水蒸気量）

9.4 × 0.5 = 4.7８

9.4 - 4.7 = 4.7

あと4.7gとれる。

26℃ → 約 23.1 g/m^3

23.1 × 0.7 = 16.17

23.1
− 16.17
───
6.93

あと 6.93g

よって 夏の夕方の方

　ところで，ルーブリックに基づいてSと評価した2名の記述は，いずれも夏の方は夕方なので，次第に気温が下がるのに対し，冬の方は昼間なので気温が下がりにくいから，洗濯物は冬の昼の方がよく乾くというものであった。課題で設定したその時点だけではなく，時間を動的に捉え，時間変化の中でどのようになるかを考察した点で，「期待する思考活動以上に，プラスαが見られた」と判断しSとした。一般に湿度の計算では，ある時点ある瞬間での湿度を扱い，時間の変化を動的に捉える扱い方はしていなかった。Sとした内容を授業にフィードバックすることは，他の生徒の思考を深化させるポイントにもなると考えている。

5 総合的な学習の時間—郷土学習を通して—

武雄市立山内中学校教諭●田島隆一

❶ 「総合的な学習」での「活用」とは

　これまで，「総合的な学習の時間」における「知の活用」とは，「教科で得た知識を課題追究の中で活用すること」と捉えられる傾向が強かった。しかし，この時間で育てるべき「活用の力」とは，子どもにとって現実的な課題，具体的な社会生活と結びついた課題の追究を通して，「よりよく生きる力を身に付けさせること」だと考えた。

　学習指導要領では，総合的な学習のねらいとして，①問題解決能力の育成，②学び方やものの考え方の育成，③主体的・創造的な探究の態度の育成，④自己の生き方を考えることの育成の4項目にわたって示されている。このねらいに即して考えると「子ども自身が日常生活の中から課題（問題）を見つけ，主体的に活動し，評価活動を通して，問題解決能力の向上を図ること。また，その中で学ぶことの価値やよりよい生き方を見つけていくこと」が，この学びの中で求められていると言える。

　このことから，「子どもの学び」に視点を置き，書く活動を通して，「総合的な学習の時間」における「活用型授業づくり」に取り組むことにした。

❷ 「子どもが学ぶ」とは

　今までの取り組みから，「子どもたちの学び」を以下のように考えた。
　①　わからなかったことや知らなかったことがわかったとき。できなかったことができるようになったとき。（知識・理解・技能面の学び）

② 友達や触れ合った人の思いや考えを知ったとき。人間の良さを感じたとき。（他者からの学び）
③ 自分の成長を実感したとき。生き方が変わったと感じたとき。（自己を振り返っての学び）

❸ 「子どもが学ぶ」とき

具体的にどんなときに「子どもが学んだ」と実感できるのだろうか。以上のような姿が見られるときに，子どもは学びを実感しているように思う。

① 見通しをもって主体的に取り組んでいるとき。（あの目標に向かって，こう取り組んで行こう）
② 自分の活動の成果を期待しているとき。（これをすれば，どうなるだろう。最後にこんな活動をするぞ。他の人は，どのように考えるだろう）
③ 行動や活動の結果を受け入れたとき。（やってよかった。成功した。次は，あんなことをやってみよう）

資料1の中には，「子どもの学び」と「学ぶ過程」が読み取れる。

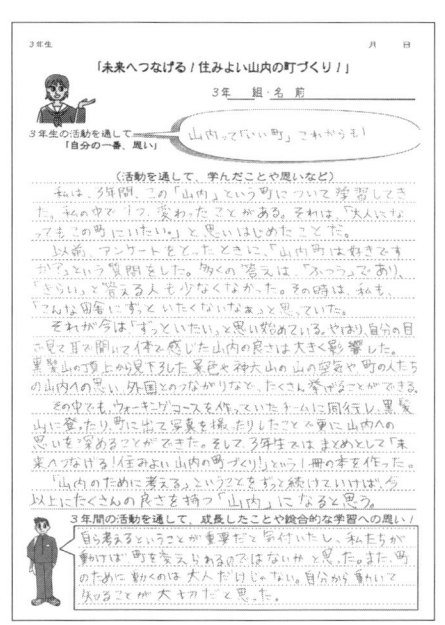

資料1

❹ 自己の学びを意識化させる手だて

　ここで大切なことは，生徒一人一人が活動の中で得た「自己の学び」の軌跡を残すことと，その学びを拡げさせ，自己の生きる力と関連させていく手だてを教師が講じていくことである。

（1）　学びを蓄積させる手だて（資料2）

　A4版の薄いビニールポケットシートが40枚程度ついたものを使い，プリント類が差し込めるようにした。また，ワークシートには，いつ作成したか確認できるように，必ず月日を記録する。さらに，教師も生徒と同じようなファイルを作成することにした。

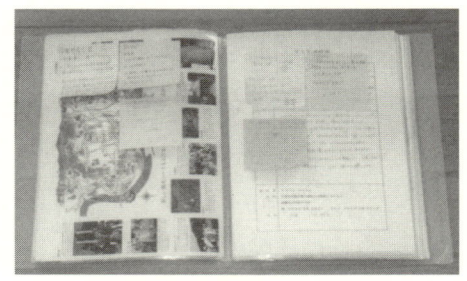

資料2

（2）　自他の思い，願い，考えを意識化させる手だて（資料3）

　ピンクの付箋紙には，自分の思いや考え，ひらめきなどを記録させた。イエローの付箋紙には，周囲からのアドバイスを記録したり，友達へのアドバイスを書き込んで渡したりするなどして，生徒相互に活用させた。生徒は無意識的に他人からのアドバイスや自分の思い，アイディア等をメモしていた。それを意識化させる活動により，学びの過程や友達の良さに気づき学びを深めたり広げたりできると考え，付箋紙を活用した。

資料3

第4章　活用力を育てる授業の実践例〈中学校〉

❺ 問題解決能力を伸ばす手だて

　教師が作成したワークシートは、生徒が「総合的な学習の時間」を意欲的かつ主体的に進める支援をする上での非常に重要な道標となる。そこで、ワークシート作成にあたっては、ファイリングの順序や振り返り活動に役立てるために、必ず右上に使用月日を記述した。また、各学習過程の中で次のような点に留意し、作成した。

(1) 楽しく、意欲的に進めるワークシートの工夫

　生徒たちのワークシートへの思いを聞いてみると「テストみたいに書くことが中心だ」「楽しくない」などと思っている生徒が多かったことから、イラストや吹き出しなどを入れた楽しいワークシートを作成した（資料4）。

(2) 計画的に進めるワークシートの工夫

　1ヶ月の日程表に活動計画を立てることはできるが、計画通りに実行できるグループは少ない。そこで、最終目標（ゴール）を考えさせた。次に、「どんな活動を」したらいいか自由に書かせ、「どんな順番で進めるか」を矢印でつながせた（資料5：活動のイメージマップ）。その後に日程表（資料6）に記入させることで、計画的に進められるグループが増えた。

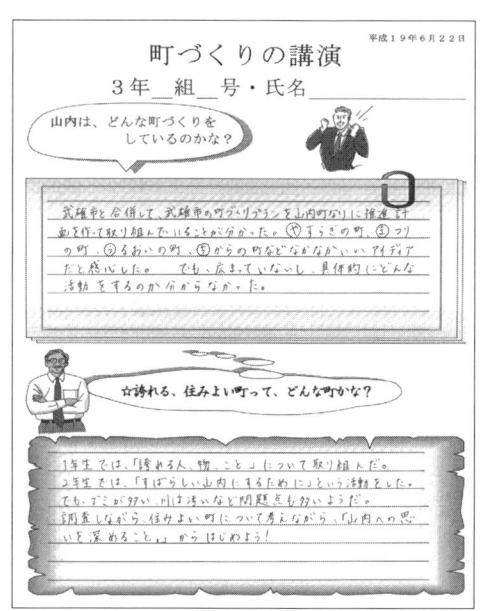

資料4

資料5　　　　　　　　　　　　　　　　　　　　資料6

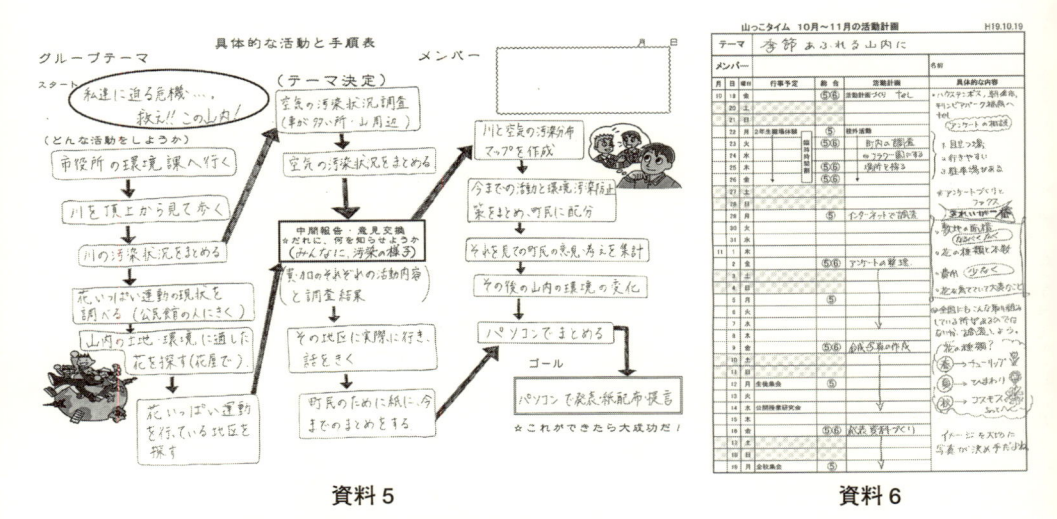

(3) 中間発表（中間まとめ）のためのワークシートの工夫

　これまでの活動を進めていくと気づいたことやわかったことをまとめ，発表することができるようになる。しかし，地域の人たちやグループの友達との関わりを通しての思いや願いが，なかなか中間発表の原稿に表れず，活動の報告に終始していた。

　そこで，ワークシートに書き込んでいる「一番心に残っている言葉」や付箋紙等を振り返らせ，3つの「キーワード」という形式で表現させた(資料7)。これにより，発表する際にも下書きを読むのではなく，自分たちの思いに自信を持って発表できるようになってきた。

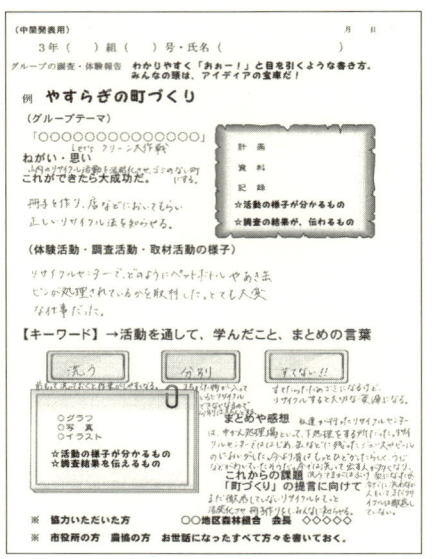

資料7

第4章　活用力を育てる授業の実践例〈中学校〉

❻　子どもの思いや願いをまとめ，次の活動へ生かす手だて

　各学年で調査，体験活動の後と活動の終わりにファイリングの中から心に一番残っていることを短い言葉（キーワード）2〜3個で書き表し，自分の思い，考え，願いを中心にまとめさせ，次の活動への見通しを持たせた。

　こうすることで，資料8・資料9からもわかるように，生徒は自分の中にあった小さな課題を活動や伝え合いを通して，知的な発見や考えを深め広げていることが見取れる。

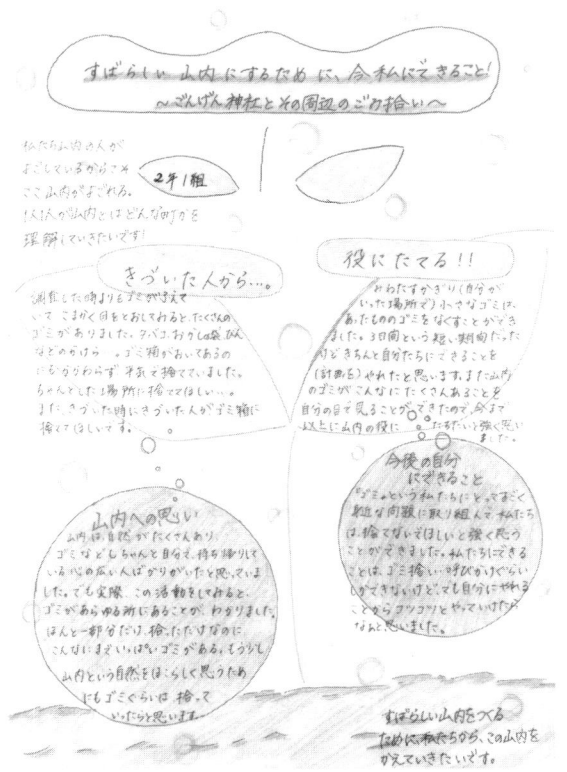

資料8

資料9

❼ 自己の学びや成長を意識化させる手だて

（1） 活動を振り返らせる手だて

自己評価を，課題決定後，中間発表後，最終発表後の3回行い，それぞれの自己評価で一番の思いがある付箋紙を最高5枚まで選ばせることにした。選択するという活動を通して，生徒の問題解決への思い入れを焦点化し，自分の学習に対する評価ができるようになってきた。

（2） 自己の成長を意識化させる手だて

学習の最後に「自分の成長（学び）」を「目に見える成長」と「目に見

えない成長」(資料10)の観点で振り返り学習を行い,自己の学びや生き方(日頃の生活の見直し)を考えさせた。生徒たちに,「総合的な学習の時間」を通して学びや山内への思い(郷土愛)が育っていると思われる。

❽ おわりに

「総合的な学習の時間」での「活用」を「子どもの学び」という視点で振り返る中で,子どもたちには,体験や経験を通して学んだことや直接,地域の人たちとのふれあいを通して学んだことは着実に身に付いているように感じた。また,学習活動の中に「書く活動」を取り入れたことにより,各活動の中で自分の思いや考えが明確になり,まとめや振り返りを通すことで考えが再構築され,活動を通しての知的な発見や学びを深め,広げることができた。さらに,活動を「自己の学び」(成長)として振り返らせることで,よりよい生き方を考えるようになってきつつあるように感じられ,生徒と共に成長を喜んでいる。

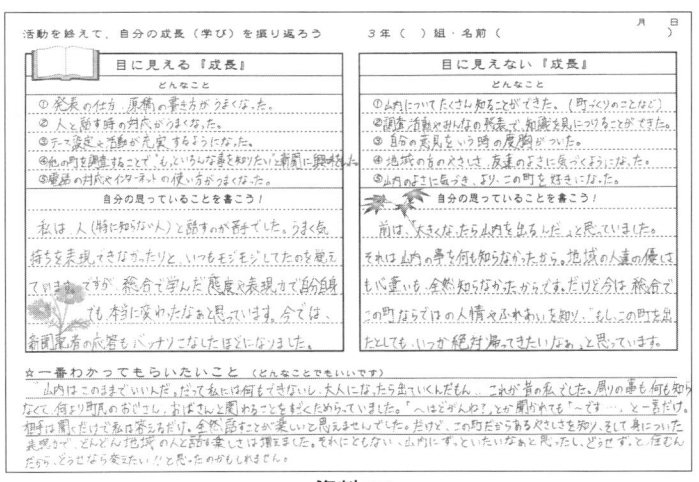

資料10

6 英語科 ― 過去進行形「日曜日の10時には何してた?」―

東海大学教育開発研究所コミュニケーション部研究所員●関田信生 ……………

❶ 本事例の概要

　2年次のはじめに導入される文法項目の1つである「過去進行形」を用いた授業実践例を紹介する。「進行形」(be動詞＋現在分詞 (～ing))の用法は1年次に現在進行形 (is, am, are＋～ing) として既習である。また，本稿では，2つの時制 (現在と過去) のうち「過去時制」については，1年次に，一般動詞の過去形は導入済みであるものとし，be動詞の過去形 (was, were) を新出とする。その上で，「過去のある時点の様子を説明する」ために「過去進行形 (was, were＋～ing)」について学習する。そして，「クラスメートは日曜日のある時間に何をして過ごしていたのかを調査」し，その結果をまとめることで，過去進行形が実際にどのように使用されるのかを理解・定着させるための言語活動を行う。

❷ 本事例における「活用」の捉え方

　過去進行形は活用場面が限られており，教室の中では扱いにくい項目の1つである。現在進行形は，ある動作が今実際に行われている，あるいはある事象が今まさに起きつつある (と認識している) ことを説明するために主に用いられ，臨場感が伝わるものである。一方，過去の出来事を振り返って述べる場合は，大抵過去形を用い，過去進行形を用いない。例えば「先週の日曜日に何をしたか」を尋ねるのであれば，通常はWhat did you do last Sunday? と尋ね，What were you doing last Sunday? とは尋ねない。過去進行形を用いる場合は，ふつう，過去の任意の時点

を定め,その「時」に何をしていたのかを尋ねる(写真などを見て,「この写真を撮った際に」という「時」の設定が暗黙のうちに共有化されているときには,定めた「時」を言語化しないことがある)。

　本事例では,「外国の中学生は普段どのようにして日曜日を過ごすのか」を ALT に教えてもらうことを目的に,まず「先週の日曜日のある時間にお互いがどのように過ごしていたかを調査」してまとめ,ALT(または担当教諭)に発表する。このとき,ただ漠然と「何をしたのか」を尋ねるのではなく,具体的にどの時刻に「何をしていたのか」を本課で学習した「過去進行形」を用いて尋ね合い,生徒が自分自身について伝え合う体験をし,その結果を ALT(または担当教諭)に対して発表し,感想を聞くことで,学習内容を,コミュニケーションを体験できる言語活動へと活用することを体験させる。さらに,Word Bank などを利用することで,教科書には出てこなかった関連語彙についても発展させる。

❸　単元の構成

　(1) 導入:現在進行形を用いた表現の復習から 'be + 〜ing' の英文の形を確認させた上で,過去進行形を導入する。つまり,現在進行形に用いられる be 動詞(is, am, are)が過去形(was, were)に代わることによって,過去進行形が「〜していた」という意味を持っていることを理解させるようにする。

　(2) 教科書本文理解:教科書の本文を読むことで,実際に教科書で示されている「場面」の中で使用されている過去進行形に触れさせる。

　(3) 発展(本時):前時に導入した「過去進行形」に関して Review(特に疑問文にした場合の was, were の使用に注意させる)を行った上で,教科書から離れ,身近な話題の中で過去進行形が用いられる「場面」を提供し,「過去のある時点の様子を説明する」ことを体験させる。

(4) まとめ：過去進行形も含め，本課の新出単語等，生徒の言語知識理解を深めるための学習活動を行う。

❹ 授業（本時）のねらい

　発展学習として，生徒自身に関わる話題を扱い，①教科書を通して学習した過去進行形を実際に使用できる場面を取り入れた活動において使用し，過去進行形の型（form）と意味を理解できるようにする。具体的には，Survey & Report の形式をとり，「同級生が日曜日の特定の時間に何をして過ごしていたのか」を調べ，②授業に参加する ALT（または担当教諭）に対して発表し，生徒たちの学校の外での生活を知ってもらい，感想を聞くことで，③英語で情報を整理した上で伝える臨場感を体験し，感想をもらう嬉しさを実感し，英語でコミュニケーションができたという達成感を経験させる。

❺ 授業の展開

　(1) 事前課題：次の授業で調査を開始するための準備として「先週の日曜日に自分が何をしていたのか，その日の活動を振り返って，英語で書いてくるよう「準備シート」（例1）を配布して課題を出しておく。
【質問】
1. What were you doing at 8 o'clock last Sunday morning?
2. What were you doing at 10 o'clock last Sunday morning?
3. What were you doing at noon last Sunday?
4. What were you doing at 2 o'clock last Sunday afternoon?
5. What were you doing at 5 o'clock last Sunday evening ?
6. What were you doing at 7 o'clock last Sunday night?
7. What were you doing at 9 o'clock last Sunday night?

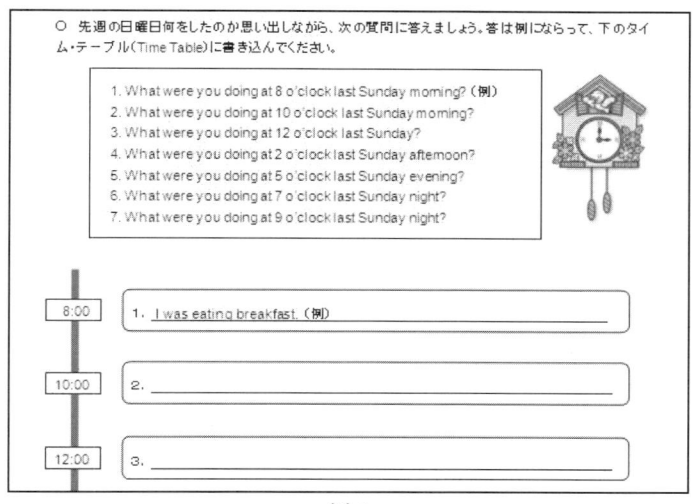

○ 先週の日曜日何をしたのか思い出しながら、次の質問に答えましょう。答は例にならって、下のタイム・テーブル(Time Table)に書き込んでください。

1. What were you doing at 8 o'clock last Sunday morning?（例）
2. What were you doing at 10 o'clock last Sunday morning?
3. What were you doing at 12 o'clock last Sunday?
4. What were you doing at 2 o'clock last Sunday afternoon?
5. What were you doing at 5 o'clock last Sunday evening?
6. What were you doing at 7 o'clock last Sunday night?
7. What were you doing at 9 o'clock last Sunday night?

8:00	1. I was eating breakfast.（例）
10:00	2.
12:00	3.

例1

（2）本時の授業の流れ（50分）

a．Greeting…授業の開始，出欠確認（5分）

b．Review…前時に導入した「過去進行形」に関する復習（7分）

c．Activity…「過去進行形」を用いた発展的活動（30分）

e．Consolidation…生徒からの質問や活動に関する感想など（5分）

f．Homework…宿題配付・次時の予定説明（3分）

g．Closing…授業終了

（3）c．発展的活動（30分）

① 4人1組のグループをつくり，それぞれのグループで，事前課題の用紙を利用して，先週の日曜日の午前10時，午後2時，午後5時，午後9時の4つの時刻に何をしていたのかを互いに

	10 o'clock　　2 o'clock　　5 o'clock　　9 o'clock
1. What were you doing at 10 last Sunday morning?	
2. What were you doing at 2 last Sunday afternoon?	
3. What were you doing at 5 last Sunday evening?	
4. What were you doing at 9 last Sunday night?	

At (9) o'clock (at night)

Your friend	was doing ~
Mie	was reading a book.
Shun	was watching TV.
Kenta	was studying English.
Hiroshi	was playing video games.

例2

students	was/were doing ~
////	was/were reading a book.
//	was/were playing the piano.
/	was/were sleeping.
////	was/were talking with a friend over the phone.
//// //// //	was/were watching TV.
//// //	was/were playing video games.
///	was/were listening to music.
//	was/were writing an e-mail on the computer.
///	was/were taking a bath.
//	was/were doing homework.

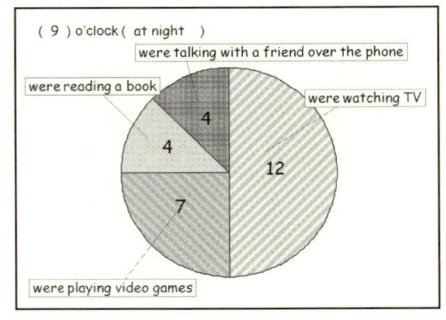

At (9) o'clock (at night)

例3

(9) o'clock (at night)
- were talking with a friend over the phone
- were reading a book
- were watching TV
- were playing video games

4, 4, 12, 7

例4

尋ね合う活動を行う。

② その際，各グループに（例2）のようなカードを4枚ずつ配付しておき，4人が，いずれか1つの時刻について，それぞれが何をしていたのか，メモを取る。

③ 次に，それぞれの時刻を担当した生徒同士が集まり，新しい4つのグループをつくる。それぞれのグループでは，（例3）のようなカードを利用して，その時刻にどのようなことが行われていたかを（例2）のカードの内容を読み上げながら情報を報告し合う。

④ その時刻にもっとも多く行われていた事柄を4つ選び，（例3）のカードに○印をつける。

⑤ 次に，（例4）のように，上位4つについて円グラフにまとめる。

⑥ 仕上がった円グラフを黒板に貼り，グループごとに調査結果をALTに対して発表し，ALTから，どのような点がALTの母国の中学生たちと異なるか，どんな点が興味深かったかなどを含む感想をもらう（ALTには，生徒のグループ活動の支援と，生徒の発表を聞き，母国の中学生の生活と比較したり，問題のない範囲で，自分は何をしていたかを説明したりしながら，感想を言うよう事前に打ち合わせしておく）。

❻ 実践上の工夫点

（1）**事前課題**：この活動では，生徒一人一人が事前活動に取り組んでくる必要がある。本時の活動について簡単に予告しておき，事前課題をする意味づけをしっかりしておくことが大切である。

（2）**Word Bank**：事前課題や授業中の活動では，ある程度多様な語彙が必要となる。辞書を利用させることも必要であるが，効率的に活動を行わせるためには，生徒が必要とする語彙について Word Bank を作成し，生徒が参照しながら作業を進められるようにしておくとよい。

（3）**グループ編成**：4人の男女混合編成にする。グループワークがうまく機能しない原因は，人数が多すぎることと，男女別のグループを作ってしまうことである。生徒が互いの私語を抑制し合いながら，活動に集中する形は，少人数の男女混合編成であると言われている（佐藤，2006）。

（4）**ファイナルプロダクト**：活動例では，調査結果を ALT に発表することをゴールにしたが，ALT の参加が難しい場合や，ALT と日程の調整が難しい場合は，調査結果をワークシートに記入させ，「報告書」として完成する。そして，ALT に見てもらい，次に授業に来た際に行うか，e-mail の形式などで書いてもらったものを生徒に配布するとよい。いずれにしても，過去進行形についての学習が，教師の説明が授業の大半を占めていたり，無味乾燥な置き換え練習活動に終始したり，あるいは生徒の言語活動が教室の中の架空の活動になったりしないよう，ALT などから感想をもらうといった現実感のある言語活動に発展させることが大切である。

引用文献
佐藤 学 2006 『学校の挑戦―学びの共同体を創る―』 小学館

■執筆者一覧 （執筆順）

安彦　忠彦	早稲田大学教育学部教授
合田　哲雄	文部科学省教育課程課教育課程企画室長
森　敏昭	広島大学大学院教育学研究科教授
有元　秀文	国立教育政策研究所教育課程研究センター総括研究官
中許　善弘	ジュニア・アチーブメント日本専務執行役理事
甲斐　睦朗	京都橘大学文学部教授
山森　光陽	国立教育政策研究所初等中等教育研究部研究員
堀江　祐爾	兵庫教育大学大学院学校教育研究科教授
有田　和正	東北福祉大学子ども科学部教授
清水　静海	筑波大学大学院人間総合科学研究科准教授
角屋　重樹	広島大学大学院教育学研究科教授
奈須　正裕	上智大学総合人間科学部教授
松本　茂	立教大学経営学部教授
木村ひとみ	和歌山県かつらぎ町立笠田小学校教諭
古川　光弘	兵庫県佐用郡佐用町立三日月小学校教諭
白井　一之	東京都練馬区立光が丘第二小学校教諭
福田　幸人	東京都千代田区立九段小学校教諭
鳥山　真	神奈川県横浜市立大岡小学校教諭
加々本裕紀	東京都立桜修館中等教育学校教諭
館　潤二	筑波大学附属中学校教諭
上原　昭三	大阪教育大学附属池田中学校教諭
平賀　博之	広島大学附属福山中・高等学校教諭
田島　隆一	佐賀県武雄市立山内中学校教諭
関田　信生	東海大学教育開発研究所コミュニケーション部研究所員

■編者紹介

安彦忠彦（あびこ・ただひこ）

1942年，東京都生まれ。東京大学教育学部卒業。現在，早稲田大学教育学部教授，名古屋大学名誉教授。教育学博士。専攻は，教育課程（カリキュラム）論を中心に，教育方法，教育評価。文部科学省中央教育審議会委員も務める。著書は，『改訂版　教育課程編成論』（放送大学教育振興会），『自己評価』（図書文化），『新版　カリキュラム研究入門』（編著，勁草書房）ほか多数。

新学習指導要領対応
「活用力」を育てる授業の考え方と実践

2008年6月20日　初版第1刷発行　［検印省略］
2008年7月30日　初版第4刷発行

編　　者	安彦忠彦Ⓒ	
発 行 人	村主典英	
発 行 所	株式会社図書文化社	
	〒112-0012　東京都文京区大塚3-2-1	
	TEL 03-3943-2511　FAX 03-3943-2519	
	http://www.toshobunka.co.jp/	
	振替　00160-7-67697	
組版・印刷	株式会社厚徳社	
装　　丁	株式会社Ｓ＆Ｐ	
製　　本	合資会社村上製本所	

Ⓡ本書の全部または一部を無断で複写複製（コピー）することは，著作権法上での例外を除き，禁じられています。本書からの複写を希望される場合は，日本複写権センター（03-3401-2382）にご連絡ください。
ISBN978-4-8100-8512-9 C3037
乱丁，落丁本はお取替えいたします。
定価はカバーに表示してあります。

改訂のキーパーソンが語る，新学習指導要領の内容と核心

新しい学習指導要領の理念と課題

確かな学力を基盤とした生きる力を

梶田 叡一 著（中央教育審議会副会長・初等中等教育分科会長／兵庫教育大学学長）

A5判／上製184頁
本体 2,000 円

つめこみ－ゆとり論争を越える，学校本来の使命とは
「生きる力・確かな学力・言語力」をどう育てるか

Ⅰ　1 学習指導要領改訂の理念と課題
　　2 新しい学習指導要領を学校現場でどのように受け止めるか

Ⅱ　学習指導要領どう変える／体験活動の重視は保つ／論述や発表を通じ言語力（『朝日新聞』2007年11月18日）
　　学習指導要領改訂／「生きる力」身に付く教育を／確かな学力基盤に（『日本経済新聞』2007年11月26日）
　　物を知り人生の主人公に／「言葉」「伝統」など中心に改訂（『神戸新聞』2008年1月5日）
　　生きる力を育む／公私立の格差減る／教師増員は不可欠（『毎日新聞』2008年2月16日）
　　ゆとり教育見直しでどうなる／理数系の学力世界水準に（『読売新聞』2008年3月9日）

Ⅲ　3 新時代に向けた学習指導要領の改訂
　　4 「確かな学力」を土台とした「生きる力」の育成を
　　5 「確かな学力」とは何か
　　6 真の「活用力」とは―考える力を育てる「こだわり」と「向上心」
　　7 家庭で新学習指導要領を考える

Ⅳ　8 能動的知性としての「確かな学力」を
　　9 「確かな学力」と「言葉の力」
　　10 母語としての日本語の力
　　11 「確かな学力」を目指す「確かな授業」を単元計画・公開授業指導案　英語科

[資料編] 文部科学大臣談話，戦後新学制以降の学習指導要領ほか

新学習指導要領の核心

- 我々の世界（人々と手をつなぎ支えあって生きる），我の世界（自分自身をよりどころとして一人旅をする）を「生きる力」を育てる。
- それを支えるのが確かな学力。「自ら学び自ら考える」だけではなく，学ぶべきことは虚心坦懐に学ばせ，習得・活用・探究を柔軟に織り込んだ，確かな授業を行う。
- これを支えるのが「言語力」。豊かな語彙を基盤に，言語を駆使して，思考し判断できるようにする。

図書文化

※本体には別途消費税がかかります